煤炭高等教育“十四五”规划教材

福利经济学

主　编　崔　宁
副主编　王小丹　程恋军　张丽艳　王小丽

中国矿业大学出版社
·徐州·

内 容 提 要

本书主要内容包括福利经济学概论、帕累托最优原理、补偿原理、社会福利函数和阿罗不可能性定理、非福利主义、市场失灵的表现及福利效应、收入与分配的公平与效率等。

本书可以作为高等院校相关专业，如经济学、公共事务管理、社会保障、社会工作等专业的学生教材，也适合希望深入了解福利经济学的其他学习者参考。

图书在版编目(CIP)数据

福利经济学 / 崔宁主编. — 徐州 ：中国矿业大学出版社，2024. 12. — ISBN 978 - 7 - 5646 - 6411 - 4

Ⅰ. F061.4

中国国家版本馆 CIP 数据核字第 2024UL2605 号

书　　名　福利经济学
主　　编　崔　宁
责任编辑　史凤萍
出版发行　中国矿业大学出版社有限责任公司
（江苏省徐州市解放南路　邮编 221008）
营销热线　(0516)83885370　83884103
出版服务　(0516)83995789　83884920
网　　址　http://www.cumtp.com　**E-mail**:cumtpvip@cumtp.com
印　　刷　苏州市古得堡数码印刷有限公司
开　　本　787 mm×1092 mm　1/16　**印张** 10.25　**字数** 262 千字
版次印次　2024 年 12 月第 1 版　2024 年 12 月第 1 次印刷
定　　价　45.00 元
（图书出现印装质量问题，本社负责调换）

前　言

福利经济学属于经济学科体系，是以社会经济资源配置效率和国民收入分配问题等为研究主题，以社会福利最大化为宗旨，对社会各种经济活动和经济现象展开规范分析的经济学分支。经济发展必须有相适应的理论指导，因此，我们以党的二十大精神为指引，以全面建成社会主义现代化强国总的战略安排和未来五年的主要目标任务为宗旨，借鉴和吸收国内外的理论著作，以新时代、新文科需求为导向，编写适合本科生了解和学习的福利经济学教材，进一步强化教材的系统性和可读性、时效性和实践性。通过本课程的学习，学生可以实现对福利经济学的基本认知，掌握福利经济分析的理论和方法，对社会保障领域的问题进行研究，并提出相应的解决方案。同时，形成基本的福利价值观和职业素养，使自己明白什么才是该追求的：个人效用并不是唯一重要的标准，一个人不应该仅追求自己的效用和利益而忽略其他人或者国家的利益，无论在理论上还是实践中，个人主义都是行不通的，要重视人与人、人与自然的和谐，重视人自身的全面发展。

本书主要内容包括福利经济学概论、帕累托最优原理、补偿原理、社会福利函数和阿罗不可能性定理、非福利主义、市场失灵的表现及福利效应、收入与分配的公平与效率等。本书可以作为高等院校相关专业，如经济学、公共事务管理、社会保障、社会工作等专业的学生教材，也适合希望深入了解福利经济学的其他学习者参考。

福利经济学理论体系庞大，内容范围广泛，我们在资料收集、整理、编写等过程中得到领导、同事及学生的大力支持，在此一并感谢。由于笔者水平有限，能力所及也存在诸多遗憾，不足之处敬请广大读者批评指正。

请扫描下方二维码加入本书在线课程。

目　录

第一章　福利经济学概述

【学习要求】

本章全面介绍福利经济学的基础知识，主要内容包括福利经济学的概念、价值判断，福利的度量，福利经济学的三个定理以及福利经济学的产生与发展，以便大家全面了解福利经济学。

【学习重点和难点】

重点：掌握福利经济学的概念、价值判断和福利的度量。

难点：理解福利经济学的三个定理。

第一节　福利经济学的概念

一、福利经济学的基本概念

福利经济学(welfare economics)是现代经济学的一个重要分支，它在20世纪早期形成于英国，后来在美国、法国和北欧国家得到广泛传播和发展。

西方经济学家对福利经济学下过各种不同的定义。早期的福利经济学家把福利经济学说成研究社会幸福及其变化的经济原因的科学。福利经济学的代表人物庇古(A. C. Pigou)认为，福利经济学研究增进世界的或某一国家的经济福利的主要影响。[①] 后来的福利经济学家多从另一角度给福利经济学下定义。英国的经济学家李特尔(I. M. D. Little)认为，最好是把福利经济学看成研究经济体系的一种形态比另一种形态是好还是坏的学科。[②] 美国经济学家萨缪尔森(Paul A. Samuelson)给福利经济学下的定义是：福利经济学是一门关于组织经济活动的最佳途径、收入的最佳分配以及最佳的税收制度的学科。[③] 华裔福利经济学家黄有光认为，福利经济学是这样一门学科，它力图有系统地阐述一些命题，根据这些命题，我们可以判断某一经济状况下的社会福利高于或

① 庇古：《福利经济学》，朱泱、张胜纪、吴良健译，商务印书馆2006年版。

② 李特尔：《福利经济学评述》，陈彪如译，商务印书馆2016年版。

③ 萨缪尔森、诺德豪斯：《经济学》，萧琛译，人民邮电出版社2008年版。

低于另一经济状况下的社会福利。①

可见，福利经济学是运用一定的价值判断标准对稀缺资源配置的效果进行评价，进而从福利的角度对经济体系的运行做出评估的学科，是对经济制度与政策在社会福利方面的效果进行分析的理论基础和分析工具。这里所说的"从福利的角度对经济体系的运行做出评估"，是指判断一种经济体系的运行究竟是增进福利还是减少福利：能够增进福利的经济体系运行被认为是"好的"，导致福利减少的经济体系运行被认为是"不好的"。② 那么，到底什么是福利？福利包括哪些内容？判断福利增加或减少的标准是什么？这些会在后续章节中一一描述。

要进一步了解福利经济学，首先必须了解什么是福利、什么是社会福利和经济福利。福利是指幸福满足程度，分为个人福利和社会福利。其中，个人福利是指个人生活的幸福满足程度，这种满足既包括个人物质生活需要的满足，也包括个人精神生活需要的满足；社会福利是指一个社会全体成员的幸福满足程度，或个人福利的总和或个人福利的集合，与政府提供的狭义福利截然不同。在社会福利中，能够直接或间接用货币来衡量的那部分社会福利，叫作经济福利，如收入、住房或交通补贴等；不可以用货币衡量的那部分社会福利称为一般福利，如受鼓励而产生的心理满足、愉悦等。福利经济学的研究对象主要是经济福利。

在市场经济制度下，资源配置和国民收入分配都是通过市场机制来实现的，因此，福利经济学把对市场经济的运行和市场机制的功能缺陷进行评价纳入自己的研究范围。概括来说，福利经济学主要探讨如下两个方面：其一，一个社会的资源配置在什么条件下达到最优状态？如何才能达到最优状态？其二，国民收入如何进行分配才能使社会全体成员的经济福利达到最大化？概括地说，福利经济学是从资源配置和国民收入分配这两个方面来研究资本主义市场经济国家实现最大的社会福利所需要具备的条件，以及为了增进社会福利所应当采取的政策措施的经济学的一个分支。我们可从以下几个方面加以理解。

第一，每个社会的目标都是追求其社会福利的最大化。福利经济学关注社会福利问题。福利经济学认为，社会的发展目标不是人们开上小汽车、穿上自己喜欢的服装、住上宽敞的房子等物质的增加，也不是人们挣的钱越来越多、生产总值不断增长等，而是社会福利的不断增长。

第二，社会福利首先取决于所有社会成员的个人福利（或者个人效用）的大小。福利经济学认为，如果所有社会成员的个人福利都增加了，那么，社会福利也就增加了。所以，社会福利首先是所有人的福利。社会福利的大小取决于影响社会成员个人福利的所有因素。因此，福利经济学所关注的社会福利更广泛、更具一般意义，指的不仅仅是社会保障制度，还包括政府对贫困人口或者受灾群众的财政转移支付，等等。

---

① 黄有光：《福利经济学》，周建明等译，中国友谊出版公司 1991 年版，第 2 页。

② 厉以宁、吴易风、李懿：《西方福利经济学述评》，商务印书馆 2020 年版。

长期以来，福利经济学一直认为社会福利就是所有社会成员的个人福利，而且社会福利仅仅与社会成员的个人福利有关，与其他方面都无关，这一观点被称为福利主义，也称为个人主义。但是，福利经济学的发展表明，坚持福利主义观点会导致福利经济学在许多问题上面临困惑。因此，福利经济学的发展需要突破福利主义观念，也就是说，社会福利不能仅仅与所有社会成员的个人福利相关，社会福利还需要考虑其他或许更为重要的方面。

第三，社会福利还取决于自由、个人权利等方面。社会福利除了取决于社会成员的个人福利之外，还取决于自由、个人权利等方面，这些方面与不同社会成员之间的个人福利的相互影响有关。也就是说，个人福利最大化并不意味着社会福利一定最大化，这里还需要一些前提，即每个人都没有被无端鞭打、没有被侵犯基本的个人权利，等等。社会福利的这种观点被称为非福利主义。争论的结果是福利经济学发展出了两个方向，分别是社会选择理论和非福利主义。

第四，非福利主义认为，个人福利不是唯一有意义的东西，“理性经济人”假设忽视了个人福利之外的伦理层面，因而其有严重的缺陷。

根据非福利主义的观点，个人福利不是唯一有意义的东西，因为影响社会福利的因素除了个人福利之外，还有个人权利、自由、公平等因素。认识到这一点，有助于确定我们应该追求什么、社会应该追求什么。同样，根据非福利主义的观点，传统的“理性经济人”假设因为仅仅考虑了个人福利、忽视了个人福利之外的那些因素而被认为存在严重的缺陷。阿玛蒂亚·森(Amartya Sen)认为，“理性经济人”其实是“理性的傻子”。

第五，社会选择理论认为，比较社会福利的大小，必须提供进行人际间效用比较方面的信息。比较社会福利的大小，可以不必放弃福利主义的观点而采取非福利主义的观点，只要提供进行人际间效用比较方面的一些信息即可。实际上，非福利主义和社会选择理论之间最大的不同，就是如何面对人际间的效用冲突，如何进行效用的人际间比较。

第六，只在非常严格的意义上，市场经济才是有效率的，而且效率并不是判断市场经济好坏的唯一标准。市场经济要达到最有效率的状态，必须满足一系列非常严格的假设条件，而这些假设条件在现实经济中很难被满足。退一步讲，即使那些假设条件完全被满足了，最有效率的市场经济也不一定就是一种好的经济体系。

二、福利经济学与价值判断

西方经济学家按照经济理论是进行实证（或事实）表述还是进行规范表述（或价值判断），把经济学区分为实证经济学（positive economics）和规范经济学（normative economics），实证经济学是与规范经济学相对应的一个概念。

实证经济学描述经济事实和经济行为，它是研究“是什么”或“不是什么”的科学。比如说，大学生的失业率是多少？烟的价格由哪些因素决定？提高烟税对吸烟人数有什么影响？这些都是实证经济学的问题。对这些问题的回答是否正确，可以依据经验或事实来进行检验。所以实证经济学中的命题和结论是可以证实或证伪的。

规范经济学包含道德和价值判断，它用一定的道德标准来评价经济事实或经济行为是“好”还是“坏”，是研究“应该”或“不应该”的科学。比如说，政府应该向穷人提供救济吗？应当通过提高税收或减少开支来削减财政赤字吗？对于这些问题，无法用事实来做出回答。这些问题是由政治决策而不是由经济科学来解决的问题。

有学者认为，福利经济学是从一定的价值判断出发来研究资本主义市场经济应该怎样运行的规范经济学。早期的福利经济学家使用的道德标准是：第一，个人行为的目的是求得最大满足；第二，社会福利是所有个人满足的总和。后来的福利经济学家把这两条标准修改为：第一，个人是他自己福利的唯一判断者；第二，社会福利取决于组成社会的个人的福利。福利经济学依据这些标准来研究个人经济活动和社会经济福利之间的关系，研究实现社会福利最大化所必需的条件以及如何才能达到这些条件，对市场经济的运行状况和市场机制的优缺点进行评价，为政府在经济活动中应当发挥什么样的作用和采用什么样的政策提供理论依据。

福利经济学以社会福利的增减为标准对经济运行或一种经济政策措施进行社会评价，试图证明完全竞争的市场经济可以达到最优状态。既然福利经济学研究一些命题下社会福利高低的判断问题，那么，福利经济学一定是规范的吗？关于福利经济学与价值判断之间到底具有什么样的关系，不同时期、不同流派的福利经济学家们具有不同的观点。

19 世纪 70 年代边际主义革命以后的几十年间，实证经济学的发展比较迅速，福利经济学的发展相对比较缓慢，因而二者之间的关系只是单向的：实证经济学影响福利经济学，但对福利经济学的影响只局限在很小的范围内。这种单向关系，一方面是由于福利经济学本身的发展所限，它不能够为实证经济学提供所需要的理论，而实证经济学使用最大化方法就可以对人的经济行为做出既简单又有解释力的分析；另一方面，西方学者布劳格指出，“经济学基本上是以切合实际的实证主义外套装点门面的规范性政策科学”。也就是说，实证经济学并没有完全脱离价值判断，只不过没有明确表示出来罢了。因此，实证分析是根本离不开规范分析的，现在实证分析中的许多问题和争论必须借助于福利经济学的研究才有可能得到解决。

也有一些福利经济学家认为福利经济学是实证经济学而不是规范经济学，庇古就曾认为福利经济学是从事福利原因的研究，是一门“实证的研究”。庇古以后的福利经济学家，多数都认为要论证社会福利的增减，必然要包含好或坏的道德判断，必须要说明什么样的政策措施是好的，什么样的政策措施是不好的，福利和道德标准是无法分开的。

关于福利经济学是不是一种规范研究，不能一概而论。福利经济学具有实证和规范的二重性。如果根据一定的福利命题提供了特定的政策建议，那么这样的福利经济学研究就是规范的；如果仅仅研究了不同的福利命题下不同的政策建议是什么，那么这样的福利经济学研究就是实证的。

第二节 福利的度量

判断社会福利的高低是福利经济学的核心内容，而社会福利的高低首先取决于个人福利的高低，因此，福利的度量主要是指个人福利的度量。

一、用个人效用或偏好表示个人福利

个人福利是指个人生活的幸福满足程度，或者更直白地说，是个人的快乐，这种快乐包括声色的享受和痛苦以及精神上的愉悦和折磨。一般情况下，个人福利可以用个人的效用或偏好来表示，假设个人是他自己福利的最好判断者，而且个人总是将自己的福利最大化。庇古把福利等同于效用或效用的子集，因此，如果某人偏好 x 胜于 y，那么就意味着他在 x 时比在 y 时更快乐。但是，并不是任何时候个人效用都可以代表个人福利，黄有光指出个人的偏好不仅受他的福利的影响，也可能受他对于别人的福利考虑的影响，因而福利会偏离效用（或偏好）①，持有类似观点的还有阿玛蒂亚·森等。

二、个人福利与个人效用的不一致

黄有光认为，福利和效用的偏离主要有以下几个方面。

1. 当存在外部影响时

个人的偏好或者效用不仅仅受到他自己福利的影响，还受到其他人福利的影响。因此就可能会出现下面的情况：某人偏好 x 胜于 y，但是他自己在 x 时不如在 y 时快乐，因为他相信，另外一些人可能在 x 时会更快乐，而这些人快乐了，他也快乐。不过，这样的快乐可能没有超过他在 x 时的痛苦。例如，父母为了子女的福利牺牲自己的快乐。又如，在战争时期奔赴前线的士兵是怎么想的呢？士兵当然知道去前线是非常危险的，甚至会失去生命，但不去，作为国家的公民，没有完成国家给予的使命，必然会深感内疚，因此他们可能会自愿去完成这项使命而置个人生死于度外。当然，不管怎样，他们毕竟希望快乐地生活。但是最终，他们还是选择了奔赴前线。这种情况下，士兵的个人偏好就不代表他们自己的个人福利。

2. 当存在无知或预见不完全时

个人在某些情况下可能是无知的（ignorance），或者预见是不完全的（imperfect foresight）。某人可能认为自己在 x 时比在 y 时更快乐，所以偏好 x 胜于 y，但是结果却正相反，他在 x 时不如在 y 时快乐。这是因为他或许真的不知道他在 x 时不如在 y 时

---

① 黄有光：《福利经济学》，周建明等译，中国友谊出版公司 1991 年版，第 22 页。

快乐，或者事后(ex post)结果不同于事前(ex ante)预见。如人们的物质生活越来越丰富，导致部分人管不住嘴、迈不开腿，生活在了所谓的“富贵病”中，痛苦不堪。根据最新的数据，中国已经成为全球肥胖人数最多的国家。其中，男性肥胖人数和女性肥胖人数均超过 4 000 万。从 2002 年到 2015 年，儿童和青少年的超重率从 4.9%上升到 9.6%，肥胖率从 2.1%上升到 6.4%，这在很大程度上是由于人们缺乏基本的生活常识所致。大家误认为，吃得好了，自己的福利就必然提高了，却不知道吃得太好会招致“富贵病”。这就是个人偏好不同于个人福利的情况。

3. 当出现非理性偏好时

非理性可能至少出于下面两种原因。

(1) 顽固地坚持一些习惯、习俗、原则等。虽然习惯、习俗、原则等的形成有其一定的合理性，但是，时过境迁，仍然坚持这些固有的东西，就会使个人的福利受到损害。如一个酒鬼可能会投票赞成星期日禁止饮酒，他并不是为了公众的利益，而是为了强迫自己少饮酒。但是在新法令生效之前，他可能还会在星期日饮酒。

(2) 对危险或痛苦的过分恐惧，或者受快乐的过分诱惑。如某人不愿去看牙医。他的牙只是龋齿，补牙并不痛苦，如果他不知道这一点而不去看牙医，那么，他就是非理性的了。毕竟，补牙对他个人而言是一件好事而不是坏事。

第三节　福利经济学的三个定理

福利经济学试图对以下三个问题做出回答：

第一，在具有竞争性的买者和卖者的经济中，最终是否存在共同利益？资源配置能否达到最优状态？

第二，在一个由圣明的统治者做出收入分配决策的经济中，是通过市场机制的改善来取得共同利益，还是将市场机制废除？

第三，是通过市场或集权管理的政治程序，还是民主投票程序来实现共同利益或社会福利？或者说，是否存在一个符合个人利益和真正的社会利益的可信赖的财富分配方式？

对这三个问题的回答，构成福利经济学的三个定理。

第一定理：如果所有的个人和企业都是以自我利益为中心的价格接受者，则竞争性均衡具有帕累托最优效率。

福利经济学认为，一个完全竞争的、一般均衡的市场体系会有资源配置效率。这样的市场体系使得一切商品的价格等于其边际成本，一切生产要素的价格等于其边际产品价值，并且不存在外部性(externality)。在这种经济中，当每一个生产者出于自利动机追求利润最大化和每一个消费者出于自利动机追求效用最大化时，整个经济将是有效率的或达到不能使任何人变得更好而不使另一些人变得更坏的最优状态。

福利经济学的这一思想来自亚当·斯密(Adam Smith)的“看不见的手”的原理。亚当·斯密在《国民财富的性质和原因的研究》(简称《国富论》)(1776年)中写道:“每个人都在力图应用他的资本,来使其生产品能得到最大的价值。一般地说:他并不企图增进公共福利,也不知道他所增进的公共福利为多少。他所追求的仅仅是他个人的安乐,仅仅是他个人的利益。在这样做时,有一只看不见的手引导他去促成一种目标,而这种目标绝不是他所追求的东西。由于追逐他自己的利益,他经常促进了社会利益,其效果要比他真正想促进社会利益时所得到的效果大。”亚当·斯密的这个思想包含几个要点:① 追求个人利益是人类从事经济活动的主要动力;② 竞争这只“看不见的手”自发地将各种个人利益转变为一种共同利益;③ 对国民财富的增长来说,政府最好的政策便是管得最少的政策。福利经济学继承了亚当·斯密的思想,认为自由放任可以自发地导致共同利益的增加。

第二定理:假设所有的个人和生产者都是以自我利益为中心的价格接受者,通过竞争机制可以实现帕累托最优均衡,前提是对个人和企业进行了适当的综合税收和转移支付。

由于福利经济学的第一定理具有如下缺陷:① 它假设存在完全自由竞争,而现实中却充满了垄断;② 它假设存在一般均衡,而在现实经济中,多数市场不是供给过度便是需求过度,并且经常处于波动状态;③ 它假设不存在外部性和公共物品(public goods),而现实中总是存在扭曲市场机制的外部性和公共物品;④ 它忽视了收入分配问题。福利经济学于是提出了第二定理。

当代西方经济学家认为,经济生活中存在的外部性和公共物品会造成市场机制失灵,解决这些市场失效的一般方法是对市场机制稍加改善,这就是要借助政府的适当干预。

资本主义市场经济发展的事实表明,依靠市场机制的自动调节必然会造成收入分配的不平等,由消费者的货币投票来决定企业生产什么,必然使得生产者重视富人的奢侈品的生产而轻视穷人的基本生活品的生产。改变这种收入分配不平等的方法之一是转移私人收入或购买力,而不损害私人积极性的转移购买力的方法是综合转移,即通过政府税收和转移支付等政策措施,对国民收入进行再分配,从而达到提高社会福利的目的。

第三定理:不存在满足的普遍性、帕累托相容性、独立性和非独裁性的阿罗社会福利函数。

阿罗(K. J. Arrow)是当代美国经济学家,他提出将个人偏好转变成完全的和可转变的社会福利函数,以此来判断一种财富分配方式是否优于另一种财富分配方式。阿罗的社会福利函数建立在以下四个前提条件之上。

(1) 普遍性。这个函数适用于所有的个人偏好。

(2) 帕累托相容性。如果每个人偏好 x 而不偏好 y,则整个社会也偏好 x 而不偏好 y。

(3) 独立性。假设社会中有两种类型的个人偏好选择,且在这两种选择中,个人对 x 和 y 的偏好是一致的,那么,在这两种选择下的社会对 x 和 y 的偏好必然完全一致。

(4) 非独裁性,即不存在独裁者。

阿罗认为,要同时满足上述四个条件是不可能的。这就意味着不能借助于社会福利函数来判断什么样的收入分配才是最好的,在福利经济学范围内,还没有一个逻辑上无懈可击的方式来解决收入分配问题。

第四节 福利经济学的产生与发展

福利经济学的发展经历了六个不同的历史时期:19 世纪 70 年代以前,整个西方经济学都有伦理学的传统;19 世纪 70 年代到 20 世纪初,所谓的边际主义革命基本上丢掉了伦理学传统而开始了工程学传统;20 世纪 20 年代,旧福利经济学产生,福利经济学得以进一步发展;20 世纪三四十年代,新福利经济学的盛行时期;20 世纪五六十年代,福利经济学处于徘徊困惑时期;20 世纪 70 年代以后,福利经济学进入了一个相对较快的发展阶段,并且产生了越来越大的影响。

一、福利主义(19 世纪 70 年代以前)

1. 伦理学传统

长期以来,许多经济学家认为,《国富论》是亚当·斯密最重要的著作,代表了他最重要的思想,而他的《道德情操论》则仅仅被认为是他的一般著作,而且与《国富论》也没有太大的关系。其实这样的看法是很不正确的。首先,《道德情操论》的完成早于《国富论》,亚当·斯密在《道德情操论》第六版的《告读者》中明确说明:"在本书第一版的最后一段中,我曾说过,我将在另一本著作中努力说明法律和政治的一般原理,以及它们在不同的社会时代和时期所经历过的不同革命;其中不仅涉及正义,而且涉及警察,国家岁入,军备,以及其他任何成为法律对象的东西。在《国民财富的性质和原因的研究》中,我已部分地履行了这一诺言,至少在警察、国家岁入和军备问题上。"① 而且亚当·斯密首先是格拉斯哥大学的道德哲学(moral philosophy)教授。当时的道德哲学内容实际上包括了神学、伦理学、法学、政治学等学科。其次,更重要的是,从内容和思想上来看,《道德情操论》是《国富论》的伦理思想基础,《国富论》与《道德情操论》在内在伦理观点上是一致的,而不是矛盾的。例如,"看不见的手"原理。《国富论》阐明利己主义的个人会在市场经济的引导下促进社会利益,《道德情操论》则说明利己主义的个人如何控制他自私的感情或行为,从而在市场经济社会中促进社会利益。熊彼特也指出,"一些人批评他(指亚当·斯密)对道德力量的重要性注意不够,读者只要看一看这本书

① 转引自张曙光:《校勘与解读生财与修德:读〈情感、秩序、美德——亚当·斯密的伦理学世界〉》,见邓正来:《中国社会科学辑刊》(2008 年总第 25 期),复旦大学出版社 2008 年版,第 139 页。

(指《道德情操论》),就不会相信这种胡言乱语了。而且,正是在这本书中而不是在《国富论》中,斯密提出了其有关财富和经济活动的哲学。"①

2. 效用主义

19 世纪 20 年代,适应当时社会、经济、政治等状况的需要,哲学中的一个派别功利主义或称效用主义(utilitarianism)在耶利米·边沁(Jeremy Benthan)和詹姆斯·穆勒(James Mill)等人的影响下逐渐流行了起来,并成为当时心理学、政治学和经济学中的一种主流的意识形态,西方福利经济学也开始形成以效用主义为主的伦理道德传统。

经济学中的效用主义,其主要观点有:人们道德行为的目的应该是个人自身福利的提高;在这样做时,人们只考虑他个人的福利;个人是他自身福利水平及福利变化最佳的、唯一的判断者;个人福利可以用效用来度量;社会行为的目的应该是最大限度地获得普遍的福利,或者说应该是追求最大多数人的最大福利;对于个人效用之间出现的冲突,没有什么好的解决办法,有些效用主义者甚至根本不去涉及这一问题。不过,效用主义反对歪曲个人福利,反对把社会福利仅仅看作国王、贵族和教会等一部分特殊人群的利益。这在当时的社会条件下具有一定的进步意义,也是效用主义得以流行的一个重要原因。

西方经济学中的这一伦理学传统到了 19 世纪 70 年代边际主义革命时期被很快地丢弃了。

二、福利主义的间断(19 世纪 70 年代到 20 世纪初)

19 世纪 70 年代,西方经济学界出现了边际主义革命,革命性地引入了边际概念,使它与原有的效用概念相结合,形成了边际效用价值理论。这被认为解决了价值的决定问题。

边际主义革命最终将效用理论纳入了西方经济学的核心框架之中,但不仅仅是这些。"从思想史的角度来看,他们(指边际主义者)将牛顿的数学和边沁的效用主义与经济理论内在地联系了起来。"②(Cooter and Rappoport,1984)边际主义的理论使西方经济学能够很容易地处理增量问题,西方经济学的形式也变得简洁优美。结果,西方经济学的主要内容变成了对边际收益等于边际成本的论证和说明。至于边际主义与效用主义之间的关系,熊彼特则有不同的看法,他认为二者只是历史的关系而不是逻辑的关系。"实际上不难证明,效用价值理论与任何享乐主义的假定或哲学是毫无关系的。因为该理论并不解释或说明它的论证起点即需要与欲望的性质。"(熊彼特,1980)。

这样,整个西方经济学界实际上被吸引到了研究资源配置的问题上,进而在 20 世纪 30 年代罗宾斯(L. C. Robbins)观点的影响下,伦理方面的问题被完全丢在一边了。因此,虽然边际主义革命在西方经济学史上有着很重要的地位和影响,它促进了西方经

---

① 转引自刘其文:《西方经济思想嬗变史》,河南人民出版社 2007 年版,第 228 页。

② 转引自姚明霞:《福利经济学》,经济日报出版社 2005 年版,第 124～125 页。

济学对资源配置问题的解决，使数学在西方经济学中得到了成功的应用，但是，不可否认，边际主义革命对西方经济学的发展也起了一定的消极影响。资源配置问题的解决使西方经济学完全变成了工程学，所有的人都被假定为理性人，所有的西方经济学问题都成为在给定约束条件下的效用函数最大化。至于效用本身有什么性质、个人效用与其他人的效用以及与整个社会的效用有什么关系，则几乎所有的西方经济学家都不去考虑，他们都成了地道的工程师。阿玛蒂亚·森将这一变化看作经济学的另一个传统，即工程传统的开始。这样，西方经济学的发展丢掉了伦理学的传统，福利问题不再被关注，西方福利经济学走入了低谷。这种状况一直持续到了 20 世纪初。

三、旧福利经济学(20 世纪 20 年代)

到了 20 世纪 20 年代，旧福利经济学打破了西方福利经济学发展的沉寂。一些西方学者也把旧福利经济学称为物质福利学派(material welfare school)，它主要包括马歇尔和庇古等人的理论。1920 年，英国经济学家庇古的代表作《福利经济学》问世，标志着旧福利经济学体系的形成。此后，福利经济学重新受到重视，庇古也因此被称为“福利经济学之父”。

旧福利经济学认为，经济学是研究物质福利或者经济福利的，能够给人们带来满足的物品可以分为不同的层次。物质层次这端是关于生存和健康等的物品，如食品、衣服和住房等；再就是舒适、奢华等物质福利成分比较少的物品。另一端则是非物质的或非经济的物品。这样，物质福利就是客观的，可以用收入来度量的，而且，物质福利与总福利正相关。

因此，如果国民收入的分配有利于穷人，那么，在国民收入总量不变的情况下，物质福利就会增加。如果国民收入增加而穷人的绝对收入份额没有下降，那么，物质福利也会增加。这里，庇古实际上给出了一个关于社会分配状态的部分排序。

庇古还认为，个人获得的物质福利的程度与他的生产效率几乎是对等的。能够促进平等的再分配，同时也是有利于效率的，平等与效率之间并不是替代关系。

旧福利经济学关于效用的人际比较并不关心个别人之间的效用比较，而只关心两大类人之间的效用比较，即穷人和富人之间的效用比较。这是一种一般人的人际(inter personal averages)比较。实际上，旧福利经济学把人的需要按照收入的增加划分为不同的层次，就已经隐含了人际的效用比较是可能的。这种需要的层次对于不同的人是相同的，尤其对于一般的富人和一般的穷人来说是相同的。因此，只要把人放在需要的不同层次上，不同人之间的效用或福利就可以比较出来了。

不过，旧福利经济学也存有争议。旧福利经济学以基数效用理论为基础，但是当时的一些西方经济学家认为，效用是人的主观感受，是不可以用基数来度量的；一个人的效用和另一个人的效用是不能够进行比较的；适用于所有人的基数效用的度量单位是不存在的；尤其是货币的边际效用递减，意味着富人的货币应该转移一些给穷人，西方经济学家对此最为忌讳;等等。这些成为效用主义和旧福利经济学的主要特征。而且,许多人认为,这一特征同时是效用主义和旧福利经济学的重要缺陷。

这些问题在20世纪30年代引起了一场大争论,争论的结果是旧福利经济学被取代,新福利经济学开始流行。

四、新福利经济学(20世纪三四十年代)

20世纪30年代的一场大争论使西方福利经济学发生了一次大的转折:旧福利经济学被新福利经济学所取代。正是罗宾斯(1932)《论经济科学的性质和意义》一文的发表,引起了福利问题的大飞跃,促进了微观经济学家们一种新的研究课题的产生,这就是习惯上所称的"新福利经济学"。

新福利经济学的效用概念源自新福利经济学的代表人物、意大利经济学家帕累托(Vilfredo Pareto)。他第一个定义了不依赖于基数和可比性这些假设的社会福利概念,被认为是序数效用理论之父。

新福利经济学认为,效用是主观的,是对于愿望的满足,因而效用是不可观察的。关于收入的比较效用递减规律,罗宾斯认为是值得怀疑的。他认为,对于特定的某个人而言,收入的效用是递减的,但是把这一规律扩展到不同的人之间,则必然涉及非科学的研究。因此,罗宾斯在试图清除掉效用的伦理含义的同时,却保留了效用的主观性特征。新福利经济学的基本概念和基本思想离不开帕累托的经济思想,所以,新福利经济学也被称为帕累托经济学。

五、福利主义的危机(20世纪五六十年代)

流行于20世纪三四十年代的新福利经济学在五六十年代受到了阿罗不可能性定理所带来的严重质疑。作为新福利经济学的理论基础,帕累托标准有一个缺陷,即它只是一个关于效率的标准,能获得完全的排序。新福利经济学的另一种标准是提出社会福利函数。

社会福利函数是一个重要的概念,它试图指出社会追求的目标应该是什么,应该考虑哪些因素:是某些人的利益或效用,还是所有人的利益或效用?当人们之间的利益或效用相冲突时,应该如何处理这些不同的利益或效用?遗憾的是,阿罗不可能性定理指出:阿罗所定义的社会福利函数即阿罗社会福利函数是不存在的。福利经济学陷入了停滞的状态。

直到20世纪70年代,有关研究才表明:阿罗不可能性的根源就在于定理假设条件中的福利主义观点。

六、非福利主义和社会选择理论(20世纪70年代以来)

西方福利经济学在经过了20世纪五六十年代的徘徊时期之后,从20世纪70年代开始进入了一个大的发展时期，这一时期的代表性研究方向有两个：一个是以阿玛蒂亚·森的重要研究成果为代表的非福利主义研究，一些西方学者甚至认为，阿玛蒂亚·森的研究导致了福利经济学议题的转变。另一个是社会选择理论的发展。阿罗不可能性定理使西方福利经济学家们重新对古老的社会选择问题进行深入的研究，并试图寻找避免悲观的不可能性结论的方法。“围绕阿罗的结论，福利经济学中一个全新的领域——社会选择理论——已经发展起来了。”(Jha,1998)

20世纪70年代，阿玛蒂亚·森等人的研究成果揭示了导致阿罗不可能性结论的原因，即阿罗不可能性定理只适用于投票式的集体选择规则，该规则无法揭示出有关人际效用比较的信息，而阿罗的社会福利函数实际上排除了其他类型的集体选择规则，因而不可能性的结果是必然的。

因此，需要对新福利经济学取代旧福利经济学的功过重新认识和评价。采用序数效用的新福利经济学存在着不可克服的缺陷，阿罗不可能性定理就揭示了这种缺陷：在缺乏其他信息的情况下，坚持福利主义，只使用序数效用提供的信息进行社会排序是不可能的，因为序数效用无法提供相对充分的人际效用比较方面的信息。

这样，福利主义就受到了严重的质疑。对于效用以外的福利问题，如个人权利、自由、平等、正义等非福利主义理论的研究，逐渐成为西方福利经济学发展中的重要部分。而且，西方福利经济学越来越多地借用伦理学的研究成果，与伦理学的关系越来越紧密。西方经济学的伦理学传统被进一步地继承和发展。

同时，社会选择理论从另外一个角度解决了阿罗的不可能性在坚持福利主义的前提下，通过区分效用的不同信息含义，找到了各种可能性。这样，社会选择理论中出现了向效用主义和基数效用理论的回归趋势。例如，各种具体的社会福利函数的提出和采用，等等。

【本章小结】

福利经济学属于经济学科体系，研究社会经济资源的配置效率问题和国民收入分配的公平问题。

福利分为个人福利和社会福利，社会福利分为经济福利和一般福利，福利经济学的研究对象主要是经济福利。

福利经济学具有规范和实证双重属性。福利可以用效用来表示，但个人福利和个人效用存在偏离。

在福利经济学的产生与发展过程中，亚当·斯密提出了福利经济思想，庇古被称为“福利经济学之父”，他的《福利经济学》的出版标志着旧福利经济学的产生，奠定了福利经济学发展的基础。

【思考题】

1. 什么是福利经济学？如何理解福利经济学兼具规范和实证的双重属性？

2. 什么是福利？福利是怎样分类的？

3. 福利和效用一致吗？为什么？

4. 概述福利经济学产生和发展所经历的阶段。

5. 福利经济学的研究意义是什么？

【扩展阅读】

为什么要学习福利经济学？

福利经济学是经济学中最值得研究的部分之一。研究国民收入时，用经济净福利来测量经济生活的质量；失业严重时，希望政府增加消费来制止危机；通货膨胀严重时，要求政府增加税收等措施。学习福利经济学可以帮助我们理解政府在社会福利方面的角色和责任，以及如何通过政策干预来改善社会福利。

下面对福利经济学第一定理和第二定理做进一步解读。

福利经济学第一定理指出任何竞争均衡都是帕累托有效率。该定理完全从定义引申而来，却有暗含的假设条件，即交易者只关心其本人的商品消费而不顾他人的消费。如果一名交易者关心另一名交易者的消费，我们就称之为消费的外部效应。当存在消费的外部效应时，竞争均衡就不一定是帕累托有效率配置。

举一简单的例子加以说明，假定交易者 A 关心 B 的雪茄消费，那就没有特殊的理由来说明每个交易者按市场价格选择各自的消费束一定会导致帕累托有效率配置。每个交易者按其财力购买最佳消费束之后，仍有使双方境况均变好的余地——比如 A 按照让 B 少抽雪茄的条件向 B 付钱。

福利经济学第一定理中另一个重要的暗含假设条件是每个交易者确实在进行竞争。如果像埃奇沃思方框图例子中那样只有两个交易者，那么，这两个交易者不太可能接受给定的价格。相反，这两个交易者也许会认识到自己所拥有的市场力量，并力图利用这个市场力量来改善自己的境况。只有当存在足够多的交易者以确保每个人致力于竞争时，竞争均衡的概念才有意义。

福利经济学第一定理的重要性在于它表述了一种我们可用来确保帕累托有效率配置结果的普遍机制——竞争市场。如果只有两个交易者，问题就无关紧要，很容易让双方坐下洽谈相互交易的可能性。但如果有成千上万的人参与，则必须有一套贯穿于交易过程的某种结构。福利经济学第一定理表明，竞争市场的特定结构具有实现帕累托有效率配置的合乎需要的特性。

福利经济学第二定理认为在一定条件下，每一帕累托有效率配置均能达到竞争均衡，意指分配与效率问题可分开来考虑。任何帕累托有效率配置都能得到市场机制的支持。市场机制在分配上是中性的，不管商品或财富公平分配的标准如何，都可利用竞争市场来实现这种标准。

价格在这种市场体制中起着两种作用。一是配置作用，即表明商品的相对稀缺性；二是分配作用，即确定不同的交易者能够购买的各种商品的数量。福利经济学第二定理认为这两种作用可以区别开来，即我们可重新分配商品禀赋来确定各人拥有多少财富，然后，再利用价格来表明商品的相对稀缺性。

政策讨论在这个问题上常常变得含糊不清。人们常常听到一种基于分配平等而要求干预定价决策的观点。然而这种干预往往令人误入歧途。如上所述，获得有效率配置的捷径是让每个人正视其行动的真正的社会代价，并做出反映这些社会代价的抉择。因此，在一个完全竞争市场上，消费多少商品的边际决策将取决于价格，而价格是其他人按边际利益估价这种商品的尺度。对效率的考虑隐含在边际决策中，即每个人在做出其消费决策时会面临一个正确的边际替代问题。

确定不同的交易者究竟应消费多少则是一个完全不同的问题。在竞争市场，这是由一个人不得不出售的资源的价值来确定的。从纯理论的观点看，国家可以用任何适当的方式在消费者中间转移购买力，即禀赋。

事实上，国家不必亲自转移实际禀赋，所需要的只是转移禀赋的购买力。国家依据某个消费者禀赋的价值对其征税，并将这些钱转移给他人。只要税收是根据该消费者的商品禀赋的价值课征的，就丝毫不影响效率。只有在按消费者的选择征税时，才导致无效率的结果，因为在这种情况下，税收会影响该消费者的边际选择。

按禀赋征税的确会普遍地改变人们的行为，但根据福利经济学第一定理，始于任何初始商品禀赋的交易都会导致一种帕累托有效率配置。为此，不管一个人如何重新分配禀赋，由市场力量决定的均衡配置依然是帕累托有效率配置。然而，这里也包含着一些实际问题。向消费者征收一次性总额税是比较容易的。例如，可以向所有蓝眼睛的消费者课税，并将税收收入重新分配给褐眼睛的消费者。只要眼睛颜色不变，这里就没有效率的损失。或者，我们向高智商的消费者课税，并将税金重新分配给低智商的消费者。同样，只要智商是可以测定的，这类税收也不会有效率损失。

但问题是如何测定人们的商品禀赋。对绝大多数人来说，禀赋的主体是其劳动力。人们的劳动禀赋是指其可以考虑出卖的劳动而不是其实际出卖的劳动。按人们决定向市场出售的劳动征税是一种扭曲税，如果对出售的劳动征税，消费者的劳动供给就会被扭曲，他们会比没有这种税收时提供更少一些的劳动。只有按潜在劳动价值即劳动禀赋征税才不会造成扭曲。根据定义，潜在劳动价值是不会因税收本身而改变的东西。按禀赋的价值征税似乎很容易，但困难在于，这是对可能出售的东西，而不是对已出售的东西加以确认和征税。

我们可设想一种征收此类税的机制。假设有这样一个社会，该社会要求每个消费者每周将其10小时劳动所得的钱上缴给国家。这类税收不取决于该消费者实际劳动多少和实际出售的劳动量，仅取决于劳动禀赋。这种税收基本上是将每个消费者的一部分劳动时间禀赋转移到国家手中。国家可利用这些资金提供各类商品，或者可将这些资金转移给其他人。

根据福利经济学第二定理，此类一次性总额税不会引起扭曲。通过这样的一次性总额税收的再分配，可以实现任何帕累托有效率配置。但是没有人提倡这种偏激的税制调整。大多数人的劳动供给决策对于工资率的变化并不敏感，因此征收劳动税所引起的效率损失不会大，福利经济学第二定理给予我们的这种启示是十分重要的。价格应能反映稀缺。财富的一次性总额转移应该用于以分配为目标的调整。这两种决策在很大程度上是可以分开的。

人们对于财富分配的关心会导致他们拥护各种各样控制价格的方法。例如，有人主张老年人应享受较便宜的电话服务，或者用电小户的电费价格应低于用电大户的电费价格。这些主张基本上是想通过给予一部分人较低的优惠价格的价格体制来实行收入的再分配。

切记这种通过实行不同价格来进行收入再分配的做法实为无效的下策。如果想实行收入再分配，何不直接重新分配收入呢？如果你多给某个人几美元用于消费，那么，他可以选择多消费他想要消费的东西——不一定限于得到补贴的那种商品。

（参见范里安：《微观经济学》（第七版），费方域等译，格致出版社 2009 年版，第 476～479 页。有改动）

第二章　庇古的福利经济学

【学习要求】

本章介绍"福利经济学之父"庇古对福利经济学的观点，主要内容包括边沁的功利主义、庇古福利经济学内容的简单介绍，经济福利及其衡量方法、收入分配与经济福利、资源配置与经济福利。通过学习旧福利经济学，更能熟悉新福利经济学的优势和不足。

【学习重点和难点】

重点：基数效用论、资源配置的最优条件、收入分配与经济福利。

难点：资源配置的最优条件。

第一节　边沁的功利主义

边沁(J. Bentham)是英国资产阶级哲学家、法学家和社会学家。1789年他的代表作《道德与立法原理导论》出版，该书系统地阐述了他的功利主义思想。边沁认为，人们的理性活动是追求个人利益、寻求快乐和避免痛苦，如果让每个人都能自由地追求个人利益，就会实现公共利益，即实现最大多数人的最大幸福。他认为，个人利益是道德的基础。他把道德归结为快乐和痛苦的比较和计算，这又称为"功利原则"(或译为功用原则或效用原则)。在边沁看来，社会利益从个人利益开始，社会是个人的总和，因此，功利原则不但规定个人应当做什么和将要做什么，而且还规定社会应当做什么和将要做什么。边沁进一步以他的功利主义思想为基础阐发了他的立法原则，他认为政府应当实行自由放任政策，使个人不受阻碍地去追求他自己的利益。显然，边沁的功利主义原则的经济理论和政策的含义就是要求经济生活的自由放任，国家不要干预私人经济活动。

一般认为，边沁的功利主义学说是粗糙的、不系统的。后来经过英国的詹姆斯·穆勒(James Mill)和约翰·穆勒(Johns Mill)这对父子经济学家的补充和发展，功利主义发展到一个新的阶段。在边沁那里，功利主义思想是与法学结合在一起的，而在穆勒父子这里，功利主义学说正式和政治经济学结合在一起。

约翰·穆勒给功利主义所下的定义是："承认功用为道德基础的信条，换言之，最大幸福主义，主张行为的是与它增进幸福的倾向为比例；行为的非与它产生不幸福的倾向为比例；幸福是指快乐与免除痛苦，不幸福是指痛苦和丧失掉快乐。”①约翰·穆勒继承和发展了边沁的功利原则。他认为，人们最懂得他们自己的事业和他们自己的利益，比政府更会关心他们自己。个人是对自己利益的最好判断者，政府的行动只能对判断施加影响。政府应该做的是服务于人类的共同利益，对个人无利可图的事情，如科学探索和一些公共设施，也只能由政府去建立起来。

边沁为财富的不平等进行辩护，他认为财富平等会破坏生产财富的动机。约翰·穆勒反对边沁的这个观点，认为事实正好相反。他认为，私有财产制度必定会产生收入分配不平等。他指出，劳动的产品差不多是和劳动成反比例地分配着的，就是说最大的份额分配给那些从来就不做工作的人，第二个最大的份额分配给那些差不多只在名义上做工作的人，这样递减下去，工作越辛苦越讨厌的人所分到的报酬也就越少，直到最后，那些从事于最使人感觉疲劳和最消耗体力的劳动的人们，反而对连他们能不能得到生活必需品这件事也没有把握。② 他由此主张改良资本主义私有财产制度及相应的分配制度，其措施有：普及教育；通过立法来减少现有的分配不均；取消工资制度，代之以社会主义性质的生产者合作社的分配制度；采取田赋的方式使地租社会化；限制遗产权；缩短工厂的劳动时间；限制使用童工；对自然力垄断的事业如天然气、自来水等应由政府经营。

功利主义思想同工业资产阶级的呼声是一致的，它通过对利益的阐述来证明资本主义生产方式和自由放任主义是合乎人性的，从而是天经地义的。正因为如此，功利主义不仅是资产阶级古典政治经济学的“心照不宣的前提”，而且成为此后包括福利经济学在内的西方经济学的思想基础之一。在 19 世纪 70 年代兴起的边际效用学派那里，不仅利用边沁的功利主义思想来解释人类的经济活动，而且运用微积分学把边沁的“最大幸福主义”进行数量化。

第二节 经济福利及其衡量方法

一、经济福利及其分类

庇古从边沁的功利主义思想出发，认为“福利的要素是一些意识形态，或者说是意识形态之间的关系”。福利是指一个人获得的效用或满足，这种满足可以由于对财物的占有而产生，也可以由于其他原因（如知识、情感、欲望等）而产生；而全部福利则应该包括所有这些满足。但是，含义如此广泛的福利是难以衡量的，因而是无法研究的，因此他又把福利做了广义和狭义之分。广义的福利即社会福利，它不但包括一个人对物质

① 转引自王海明：《伦理学导论》，复旦大学出版社 2009 年版，第 144 页。

② 转引自黄继农：《经济学说史要略》，西北大学出版社 1994 年版，第 260～261 页。

生活需要的满足，而且包括对精神生活需要的满足，如音乐艺术的享受、家庭的天伦之乐、夫妻之间的爱情、朋友之间的友谊，以及自由、平等、正义乃至宽松和谐的社会环境等。狭义的福利即经济福利，它是可以直接或间接用货币尺度来衡量的那部分社会福利。经济福利就是经济学的研究对象，福利经济学研究在现代社会实际生活中影响经济福利的各种重要因素。

二、个人经济福利的基数效用论衡量

庇古认为，一个人对于物品的满足程度可以用货币来计量，同一个人从不同物品中所获得的满足程度，以及不同的人对于物品的满足程度都可以通过货币计量进行比较。也就是说，经济福利不但可以计量，还可以进行比较。

1. 基数效用论

庇古是以边际效用价值论为基础提出经济福利的衡量方法的。边际效用价值论是19世纪70年代由英国经济学家杰文斯（W. S. Jevons）、奥地利经济学家门格尔（C. Menger）和法国经济学家瓦尔拉斯（M. E. L. Walras）提出来的试图以物品的边际效用来决定物品的价值的一种理论。所谓边际效用（marginal utility），是指消费者增加一单位物品的消费所增加的满足程度，或者消费最后一单位物品所获得的满足程度。他们认为，这种满足程度或效用与消费者愿意对某种物品支付的价格（货币量）成正比，因而物品的效用可以用货币来测量，或者说，物品的效用可以用基数1，2，3，…来计量。这样一来，一定量物品的效用就可以加总，即可以由边际效用求出总效用，不同物品的效用大小就可以比较出来。这种认为物品的效用可以用基数来表示，可以计量，可以加总，可以比较大小的效用理论又称作基数效用论。

基数效用论认为，在一定时间内连续消费某种物品，随着消费数量的增加，每增加一单位物品的消费所得到的效用越来越少。这种关系称作边际效用递减规律。

在基数效用论看来，消费者对某种物品愿意支付的价格以他从这种物品中获得的边际效用为标准；如果边际效用大，他愿意支付的价格就高，反之他愿意支付的价格就低。所以，物品的价值或价格就决定于它的边际效用。这种价值决定论叫作边际效用价值。

2. 效用最大化条件

在什么情况下，消费者的效用达到最大化呢？基数效用论对这个问题的回答是，如果消费者的货币收入和各种物品的市场价格是一定的，那么，当消费者购买的各种物品给他所带来的边际效用和他所支付的价格的比例相等时，就达到了效用最大化状态。由于这时消费者获得了最大满足，他便不再改变其选择，因此这种状态又称作消费者均衡，每一种物品的边际效用与其价格的比例相等又称作消费者均衡条件或效用最大化条件。

如果消费者购买两种物品（x 和 y），其价格分别是 P_x 和 P_y，给消费者带来的边际效

用分别是 MU_x 和 MU_y，那么，消费者效用最大化的条件可以写作：

$$\frac{MU_x}{P_x}=\frac{MU_y}{P_y} \tag{2-1}$$

推广到 n 种物品，则有：

$$\frac{MU_1}{P_1}=\frac{MU_2}{P_2}=\frac{MU_3}{P_3}\cdots=\frac{MU_n}{P_n} \tag{2-2}$$

以上条件可以由数字方法推导出来。

假定：① 消费者购买 n 种物品；② 消费者现有的货币收入为 M，M 是一定数；③ n 种物品的价格分别为 $P_1, P_2, P_3, \cdots, P_n$；④ 消费者在现有的收入和价格条件下所能够购买的 n 种物品的数量分别为 $X_1, X_2, X_3, \cdots, X_n$。

消费者的效用函数是：

$$U=f(X_1, X_2, X_3, \cdots, X_n) \tag{2-3}$$

这个函数的意思是，消费者的总效用 U 是从消费一定数量的 n 种物品中获得的。

由于消费者能够用以购买物品的全部收入只有 M，就是说，他必须以这么多的收入来支配 N 种物品的购买，所以，他购买物品的约束条件是：

$$M=P_1X_1+P_2X_2+P_3X_3+\cdots+P_nX_n \tag{2-4}$$

于是我们所要分析的问题就归结为：如何在式(2-4)收入限制的条件下，使得式(2-3)的总效用 U 有极大值？

这个问题可以运用数学上的拉格朗日乘数法则来解决。

根据拉格朗日乘数法则，我们把上面的式(2-3)和式(2-4)相加，构成一个新函数 G：

$$G=f(X_1, X_2, X_3, \cdots, X_n)+\lambda(M-P_1X_1-P_2X_2-P_3X_3-\cdots-P_nX_n)$$

其中，λ 是一系数，又称作拉格朗日乘数。

消费者得到最大满足（U 有极大值）的必要条件为：$X_1, X_2, X_3, \cdots, X_n$ 为自变量，求 G 的偏微分，并令各偏微分值等于零，即：

$$\frac{\partial G}{\partial X_1}=\frac{\partial G}{\partial X_1}+\lambda(-P_1)=0$$

$$\frac{\partial G}{\partial X_2}=\frac{\partial G}{\partial X_2}+\lambda(-P_2)=0$$

……

整理得：

$$\begin{aligned}\frac{\partial U}{\partial X_1}&=\lambda P_1\\ \frac{\partial U}{\partial X_2}&=\lambda P_2\\ \frac{\partial U}{\partial X_n}&=\lambda P_n\end{aligned} \tag{2-5}$$

偏微分$\partial U/\partial X_i$的经济学含义是物品X_i的边际效用。因此，$\frac{\partial U}{\partial X_1}$，$\frac{\partial U}{\partial X_2}$，$\frac{\partial U}{\partial X_3}$，…，$\frac{\partial U}{\partial X_n}$依次可以写作$MU_1$，$MU_2$，$MU_3$，…，$MU_n$。

如果在式(2-4)两边分别除以其价格P，则有下列关系：

$$\frac{MU_1}{P_1}=\frac{MU_2}{P_2}=\frac{MU_3}{P_3}\cdots=\frac{MU_n}{P_n}=\lambda \tag{2-6}$$

式(2-6)就是消费者效用最大化的条件。其中λ的经济学含义是最后一单位货币的边际效用，也称作收入的边际效用。因此，消费者效用最大化的条件又叫作“使单位货币的边际效用都相等的法则”。

效用最大化的条件可以这样来理解：如果面包和鸡蛋的单位价格相等，当面包的边际效用(MU_1)大于鸡蛋的边际效用(MU_2)时，把用于购买鸡蛋的一部分货币收入转移过来购买面包，就会增加消费者的总效用，这种购买的调整过程直到$MU_1/P_1=MU_2/P_2$为止。由于存在边际效用递减规律，所以减少鸡蛋的购买量所损失的效用要小于增加面包的购买量所得到的效用，即得大于失。当$MU_1/P_1=MU_2/P_2$时，每一单位货币无论是用来购买面包还是用来购买鸡蛋所获得的边际效用都一样大，这时调整购买结构对消费者不再有任何经济意义，因而消费者暂时不再改变他的选择。

下面以表2-1为例说明基数效用论的主要内容，以及如何根据这种理论来衡量消费者所获得的经济福利。

表2-1　巧克力的数量、效用与价格

消费者购买的巧克力数量/块	边际效用	消费者愿意支付的价格/元	总效用
1	26	26	26
2	20	20	46
3	15	15	61
4	10	10	71
5	6	6	77
6	3	3	80
7	2	2	82

表2-1说明，随着消费者购买的巧克力数量的增加，每一块巧克力所带来的边际效用越来越小，因而消费者愿意对每一块巧克力支付的价格就越来越低。第四栏的总效用是对第二栏的边际效用累计加总的结果。

根据表2-1中的第一栏和第三栏的数字，我们可以绘成图2-1。

图2-1中的曲线DD'叫作需求曲线，由于边际效用递减，所以需求曲线自左上方向右下方倾斜。在这个例子里，需求曲线也就是边际效用曲线。

图2-1可以用来说明庇古的福利衡量方法。消费者从购买7块巧克力中所得到的

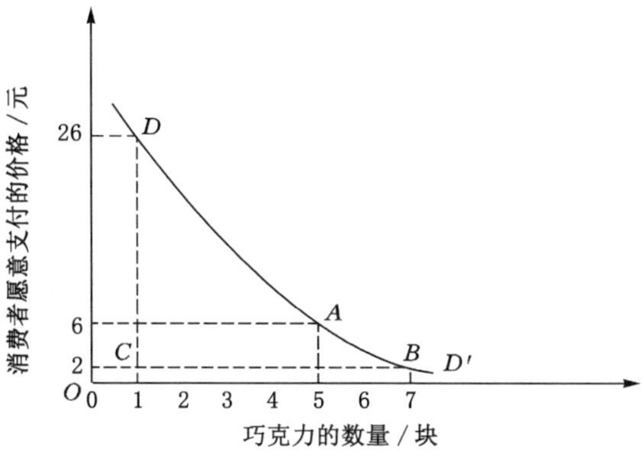

图 2-1　巧克力的数量与价格

总效用为 82 个单位，用货币来表示是 82 元，即图 2-1 中的 *ABOD* 的面积。由于物品的价格由其边际效用决定，最后一块（第 7 块）巧克力的边际效用为 2 个单位或 2 元，所以消费者愿意对 7 块巧克力所付的单位价格就为 0.2 元，所以消费者对这 7 块巧克力所付的总价格就不是 82 元，而是 14（7×2）元，即 *ABOC* 表示的面积。由于消费者从 7 块巧克力所获得的总效用 82 元，而他实际支付的总价格只是 14 元，这二者之差 68 元（曲边三角形 *ACD* 的面积）就是消费者多得的效用。庇古认为，一个人的经济福利就是由他所获得的效用构成的。因而图 2-1 中的 *ACD* 的面积就表示消费者增加的经济福利，用货币衡量就是 68 元。

庇古的经济福利的衡量方法和他的老师马歇尔的消费者剩余（consumer surplus）的衡量方法是如出一辙的。马歇尔的消费者剩余是指消费者对某种物品愿意支付的价格与其实际支付的价格之差。在图 2-1 中，*ACD* 的面积就是马歇尔所说的消费者剩余。

需要说明的是，庇古在计算经济福利时，是以货币的边际效用不变作为假定前提的。在表 2-1 中，正是假定货币的边际效用始终等于 1，才能把第二栏的数字等量地转换成第三栏的数字。

3. 社会经济福利的尺度

在确定个人经济福利衡量方法的基础上，庇古把以货币表示的国民收入作为衡量全社会的经济福利的尺度。他认为："由于经济福利是可以直接或间接地与货币尺度联系起来的那部分总福利，因此国民收入是可以用货币衡量的那部分社会客观收入，包括来自国外的收入，所以经济福利和国民收入这两个概念是对等的，对其中一个概念的内容的任何表述，就意味着对另一个概念的内容的相应表述。"①因此，一个国家的国民收入越多，这个国家的经济福利就越高。庇古认为，影响一个国家的经济福利的经济原因是国民收入的形成和使用。国民收入的形成是生产资源的配置问题，国民收入的使用

① 转引自刘其文：《西方经济思想嬗变史》，河南人民出版社 2007 年版，第 231 页。

是国民收入的分配问题，因此，要研究经济福利必须研究资源配置和国民收入分配，他认为资源最优配置和收入均等化是增进一个社会经济福利的两个途径。

第三节 收入分配与经济福利

庇古认为："在很大程度上，影响经济福利的是：第一，国民收入的大小；第二，国民收入在社会成员中的分配状况。"①在不减少国民收入总量的前提下，使穷人在国民收入分配中占有的绝对份额增加，会增加一个社会的经济福利。

庇古从杰文斯和马歇尔的"货币获得越多其边际效用越趋于递减"的命题出发，认为一个人的货币收入越多，其边际效用越小；货币收入越少，其边际效用就越大。就是说，给富人增加一单位货币收入和给穷人增加一单位货币收入给二者带来的满足程度是不同的，后者的满足程度一般大于前者的满足程度。这是因为穷人对货币需要的迫切程度要大于富人对货币需要的迫切程度。因此，把富人的部分收入转移给穷人就会增加社会的经济福利。庇古写道："收入从一个相对富裕的人那里转移到一个类似性格的相对贫穷的人手里，由于它能使更多的强烈需要以不太强烈需要的牺牲而得到满足，就必然会增加总的满足量。从旧的'效用递减律'可以确切地得出这样一个命题：任何穷人手中的实际收入的绝对份额增加的原因，如果从任何观点上看都没有引起国民收入总量的减少，一般会增加经济福利。"②庇古根据"将富人的一部分收入转移给穷人会使满足程度增大"的命题，主张国家干预国民收入分配，使收入均等化。庇古主张向富人征税尤其是向富人的消费征税，政府再以转移支付的方式将这部分收入转移给穷人。把富人收入的一部分转移给穷人，就可以使低收入者收入增加，从而增大货币收入的边际效用，增大社会满足总量，增大社会经济福利总量。向穷人转移收入可以采用直接转移和间接转移两种办法。向穷人提供免费教育、失业保险、社会救济、医疗健康保险等措施就是直接转移方式；间接转移方式主要是由政府对穷人的基本生活必需品和住宅的生产给予补贴，以降低这些物品的供给价格，使穷人能够更多地消费这些物品。

庇古的收入均等化的观点和政府实行有利于穷人的收入再分配的政策主张，对第二次世界大战后的西方福利国家是有相当影响的。

第四节 资源配置与经济福利

庇古认为，把一个社会的生产资源作最优配置，即把生产资源在各部门、各行业之间作最优分配，以充分发挥生产资源的经济效率，使既定的生产资源总量生产出来的国民收入达到极大值，就会增加全社会的经济福利。

① 转引自刘其文：《西方经济思想嬗变史》，河南人民出版社 2007 年版，第 232 页。

② 转引自刘其文：《西方经济思想嬗变史》，河南人民出版社 2007 年版，第 232 页。

一、实现生产资源最优配置的条件

庇古认为，实现生产资源最优配置的条件就是：每一单位资本在任何用途中的边际私人纯产值等于边际社会纯产值，以及一单位资本在任何生产部门的边际社会纯产值均相等。

所谓边际私人纯产值是指用价格来表示的边际私人纯产品。边际私人纯产品，是指生产者增加一单位投资所增加的产品数量。例如，一个电视机生产厂，一个月生产1 500台电视机，现在增加了一单位投资以后，多生产了1台电视机，那么1 501台电视机与1 500台电视机的差额就是边际私人纯产品。边际私人纯产品乘以单位商品的价格就等于边际私人纯产值。假定1台电视机的价格为2 800元，那么这里的边际私人纯产值就是2 800元。

所谓边际社会纯产值，是用价格表示的边际社会纯产品，它等于边际社会纯产品与其价格的乘积。边际社会纯产品是指社会增加一单位投资所增加的产品数量。

在完全竞争条件下，生产资源可以在不同用途中自由转移，也可以完全分割；投资者具有完全的信息；投资者为了追求自身利益最大化和迫于众多投资者竞争的压力，可以使任何一单位资本在不同用途中的边际社会纯产值相等，并且使边际私人纯产值和边际社会纯产值相等。由于每一单位投资在不同用途中的边际社会纯产值相等，所以调整投资（即改变资源配置）不会增加社会纯产值或社会经济福利；由于每一单位投资在不同用途中的边际私人纯产值等于边际社会纯产值，这意味着在任何用途中进行投资，其边际私人纯产值均相等，因此，对私人投资者来说，调整投资、变动投资方向，不会增加他的私人纯产品或个人的经济福利。这时，资本或资源在不同用途之间就停止了流动。庇古把这种状态称作资源配置的最优状态。

二、资源配置偏离最优状态及原因分析

在现实经济生活中，边际私人纯产值和边际社会纯产值不是总相等，二者相背离的情形是常有的。如果在边际私人纯产值之外，投资者以外的人还得到利益，边际社会纯产值就大于边际私人纯产值；反之，如果投资者以外的人遭到损失，边际社会纯产值就小于边际私人纯产值。庇古把生产者所承担的货币支出称作边际私人生产成本，生产者由于投资的增加而增加的货币收入称作边际私人收益；生产者的经营活动给社会带来的有利影响叫作边际社会收益，生产者的经营活动给社会带来的不利影响叫作边际社会成本。

是什么原因使得边际私人纯产值和边际社会纯产值不相等，从而使资源配置偏离最优状态呢？庇古认为主要是由于存在内部经济（internal economies）和内部不经济（internal diseconomies），外部经济（external economies）和外部不经济（external diseconomies），以及资本设备的所有权和使用权的分离。

内部经济和外部经济是马歇尔在他的代表作《经济学原理》(1890 年)中提出来的概念。内部经济，也可译作内在经济，是指一个厂商由于市场需求增加而扩大经营规模，通过充分利用生产设备、加强生产过程专业化和经营管理而获得的经济利益。与内部经济相对应的是内部不经济，也译作内在不经济，是指一个厂商由于生产规模过大，生产效率低而蒙受的经济损失。存在内部经济时，厂商的平均成本随着产量的增加而降低，存在内部不经济时，厂商的平均成本随着产量的增加而提高。

外部经济，也译作外在经济，是指一个厂商因相关的其他厂商的经营活动而获得的经济利益。例如，一个果园会由于附近有蜜蜂养殖场而增加产量。外部不经济，也译作外在不经济，是指一个厂商因相关的其他厂商的经营活动而蒙受的经济损失。例如，在出租公寓附近开办一个农药厂，会降低公寓的出租价格。

在存在内部经济的场合，如果投资者把成本减少的结果转给了消费者，边际私人成本就会大于边际社会成本，边际私人纯产值就会小于边际社会纯产值；在存在内部不经济的场合，如果投资者把成本增加的结果转给了消费者，边际私人成本就会小于边际社会成本，边际私人纯产值就会大于边际社会纯产值。在存在外部经济的场合，边际社会收益大于边际私人收益，边际社会纯产值大于边际私人纯产值；在存在外部不经济的场合，情况则相反。

在资本设备的所有权与使用权分离的场合，生产者或投资者是资本设备的承租人，而不是所有人。如果承租人对资本设备的维修、保养和改造的投资不能获得补偿，那他就不愿意进行投资，反而会过度使用资本设备，从而会减少边际社会收益，引起边际私人纯产值与边际社会纯产值的背离。

三、政府干预与资源的最优配置

在资本主义经济生活中，边际私人纯产值与边际社会纯产值相背离是客观存在的，依靠自由竞争是不可能使国民收入中的社会经济福利达到极大值的。因为私人投资者只对他的边际私人纯产值感兴趣，而不关心边际社会纯产值；当边际私人纯产值背离边际社会纯产值时，私人投资者不会主动使各种用途中的投资的边际社会纯产值相等。这意味着单靠自由竞争不能使资源配置达到最优状态。根据这种分析，庇古主张国家干预经济生活，以消除边际私人纯产值与边际社会纯产值的背离，当某项投资的边际私人纯产值大于边际社会纯产值时，政府应对私人投资者进行课税，以抑制这项投资；当某项投资的边际私人纯产值小于边际社会纯产值时，政府可以采取补贴的办法来鼓励这种投资。政府采用适当的干预措施，可以引导资源从边际私人纯产值低的地方转移到边际私人纯产值高的地方，从而使资源得到最优配置。

庇古还谈到资源在现在和将来的纵向配置问题。他认为，人类的一般特征是偏爱现在而轻视未来，以致用缩小的尺度去看待未来的享受；人们根据一种不合理的偏好次序，在现在、最近的将来和遥远的未来之间分配生产资源，人们看重眼前的消费，而轻视未来的消费，从而使得储蓄和资本形成受到阻碍，更大的将来利益被现在较小的利益所牺牲。庇古由此主张刺激私人储蓄，反对政府对储蓄征税，以促使资源在现在和未来的纵向配置上也达到最优状态。

【本章小结】

旧福利经济学的主要代表人物是庇古，他以边沁的功利主义思想为基础，在基数效用假设和人际效用可比较的前提下，建立了自己的福利经济理论体系，着重研究促进经济福利的因素。

在庇古看来，要增加经济福利，就要增加国民收入，提倡把富人的一部分财富转移给穷人，消除国民收入分配的不均等(即实现收入均等化)。

庇古认为应当通过优化资源在生产中的配置，使国民收入总量达到最大。庇古提出边际私人纯产值和边际社会纯产值的概念，认为两者相等是判断实现资源配置最优的标准。同时也分析了边际私人纯产值和边际社会纯产值背离的原因，即存在内部经济和内部不经济、外部经济和外部不经济，提出加强政府干预的必要性。

【思考题】

1. 简述边沁的功利主义思想。
2. 简述经济福利的概念及如何衡量。
3. 收入分配对经济福利有何影响？
4. 资源配置对经济福利有何影响？

【扩展阅读】

关于进一步做好最低生活保障标准确定调整工作的指导意见

近日，民政部会同国家发展和改革委员会、财政部、国家统计局联合印发《关于进一步做好最低生活保障标准确定调整工作的指导意见》(民发〔2024〕16号，以下简称《意见》)。现解读如下。

一、出台背景

最低生活保障(以下简称低保)标准是低保制度的基础和核心要素，是认定保障对象、确定保障范围、核定保障金额的重要依据。2011年，民政部、国家发展改革委、财政部、国家统计局印发《关于进一步规范城乡居民最低生活保障标准制定和调整工作的指导意见》(民发〔2011〕80号，以下简称2011年《意见》)，在规范制定低保标准的原则、层级、程序等方面发挥了重要作用，但标准确定调整的依据、方法等不尽一致，需要从全国层面加以统筹规范。2020年，中共中央办公厅、国务院办公厅印发《关于改革完善社会救助制度的意见》，明确要求规范基本生活救助标准调整机制。近日，民政部会同国家发展改革委、财政部、国家统计局联合印发《关于进一步做好最低生活保障标准确定调整工作的指导意见》，从统一标准确定方法、科学确定量化比例、规范标准确定程序等方面，对进一步做好最低生活保障标准确定调整工作提出明确要求。

二、基本原则

《意见》强调低保标准确定调整工作要坚持以习近平新时代中国特色社会主义思想为指导，深入贯彻落实以人民为中心的发展思想，明确了低保标准确定调整工作要遵循的基本原则：坚持共享发展，体现"困难群众共享改革发展成果"理念；坚持适度合理，尽力而为、量力而行，不脱离实际、不超越阶段；坚持科学规范，以权威部门公布的统计数据为测算依据，做到依据客观、方法科学、程序严谨；坚持公开透明，自觉接受社会公众监督。

三、主要内容

（一）关于低保标准确定方法

2011 年以来，地方按照 2011 年《意见》要求，综合运用基本生活费用支出法、恩格尔系数法、消费支出比例法等方法确定调整低保标准。从 10 多年地方实践情况看，消费支出比例法综合考虑居民各类支出，具有计算简便、数据易采集获得、测算成本较低、群众认知感强等优势，且能够更好体现低保制度目标，目前绝大多数省份已采取消费支出比例法作为低保标准测算的主要方法，具有良好的工作基础。

（二）确定量化比例

考虑到各地低保标准占消费支出比例存在一定差异的现状，为指导各地合理确定本地低保标准计算量化比例，《意见》规定，由各地按照发展改革、统计部门提供的相关数据，综合当地居民基本生活费用支出（含必需食品消费支出和维持基本生活所必需的衣物、水电、燃气、公共交通、日用品等非食品类生活必需品支出）、人均可支配收入、经济社会发展水平、财力状况等因素确定。民政部、财政部每年将组织专家对各地量化比例的合理性进行评估，指导各地科学确定量化比例和低保标准。

（三）低保标准确定程序

《意见》统一了低保标准确定层级、调整时间，规定低保标准由省级或者设区的市级人民政府民政部门会同财政部门研究提出方案，按程序报同级人民政府确定、公布，低保标准由设区的市级人民政府确定的，民政部门应当将公布的低保标准报省级民政部门、财政部门备案；在上年度城镇（农村）居民人均消费支出等有关统计数据公布后，由民政部门启动低保标准动态调整机制，会同财政部门进行测算，并进一步明确如需要调整低保标准，原则上应在当年 6 月底前调整完毕。

（参见《关于进一步做好最低生活保障标准确定调整工作的指导意见》解读，民政部网站，2024 年 3 月 25 日。有改动）

关于做好高校毕业生等青年就业创业工作的通知

为深入学习贯彻习近平总书记在中共中央政治局第十四次集体学习时的重要讲话

精神，落实党中央、国务院关于促进高校毕业生等青年就业决策部署，日前，人力资源社会保障部、教育部、财政部联合印发《关于做好高校毕业生等青年就业创业工作的通知》（以下简称《通知》），提出11条稳就业政策举措，全力促进高校毕业生等青年就业创业。

《通知》明确，合并实施一次性吸纳就业补贴和一次性扩岗补助政策，对企业招用符合条件的毕业年度高校毕业生、离校未就业高校毕业生及登记失业青年的，可发放一次性扩岗补助。延续实施国有企业增人增资政策。对见习期未满与见习人员签订劳动合同的，可给予剩余期间见习补贴。政策均执行至2025年12月31日。

《通知》指出，实施先进制造业青年就业行动，建立先进制造业企业集群职称评审"绿色通道"，打包办理支持企业吸纳就业和助力人才发展系列政策。鼓励引导基层一线就业，实施"三支一扶"计划，统筹推动其他基层服务项目实施，鼓励有条件的地方结合实际适当扩大招募规模。强化创业支持，扩大新就业形态就业人员职业伤害保障试点，支持自主创业和灵活就业。

《通知》要求，大规模组织招聘对接服务，开展公共就业服务进校园活动，定向送资源、送岗位、送服务。加密招聘频次，高校毕业生集中的地市每周至少举办一次专业性招聘、每月至少举办一次综合性招聘。强化青年求职能力训练和学徒培训，组织青年求职能力实训营。实施百万就业见习岗位募集计划，支持企业、政府投资项目、事业单位开展就业见习，今明两年每年募集不少于100万个就业见习岗位。

《通知》提出，实施就业困难青年专项帮扶行动，强化未就业高校毕业生实名帮扶，普遍提供至少1次政策宣介、1次职业指导、3次岗位推荐及1次培训或见习机会；强化困难毕业生结对帮扶，量身制定帮扶计划，针对性提供高质量岗位信息。

《通知》强调，办好高校毕业生就业一件事，统筹就业与人才政策服务事项，推进档案接收、补贴申领、社保缴纳、落户手续等政策服务"一件事打包办"。指导各级公共就业人才服务机构普遍设立青年就业服务窗口，为高校毕业生等青年就业提供一站式服务。此外，《通知》也对加强人力资源市场监管，规范人力资源市场秩序提出要求。

（参见《人力资源社会保障部 教育部 财政部印发通知推动做好高校毕业生等青年就业创业工作》，人力资源和社会保障部网站，2024年6月19日。有改动）

【思案互动】 政府出台就业政策，是否是沿袭计划经济时代包办"遗风"不值得提倡？为什么？

第三章　序数效用论和帕累托最优

【学习要求】

本章主要从序数效用论的经济福利分析、判断经济效率的标准及帕累托的最优条件三个方面加以介绍。重点介绍无差异曲线及其特性、边际替代率、消费者效用最大化，帕累托改进及满足帕累托最优的条件。本章内容是福利经济学的重点和难点，在福利经济学发展中具有重要的地位。

【学习重点和难点】

重点：序数效用论、无差异曲线及其特性、边际替代率、消费者效用最大化、帕累托改进及满足帕累托最优的条件。

难点：交换的帕累托最优条件、生产的帕累托最优条件，以及交换与生产的帕累托最优条件。

20 世纪三四十年代兴起的新福利经济学与庇古的旧福利经济学的区别之一是前者建立在序数效用论的基础上，而后者以基数效用论为基础。序数效用论以无差异曲线作为分析工具，其核心概念是边际替代率，所以我们首先从序数效用论谈起。

第一节　序数效用论的经济福利分析

序数效用论认为基数效用论关于效用可以计量、可以加总、可以比较的观点是令人怀疑的，因为既然效用是消费者对物品的主观心理评价，它就难以用基数衡量出来。序数效用论首先是由英国经济学家埃奇沃斯(F. Y. Edgeworth)、意大利经济学家帕累托提出来的，后来经英国经济学家希克斯(J. R. Hicks)、卡尔多(N. Kaldor)和艾伦(R. G. D. Allen)等人加以发展，构成新福利经济学的理论基础。

一、消费者偏好公理

序数效用论是建立在以下的消费者偏好公理基础上的。

1. 次序性(ordering)

序数效用论认为，物品的效用是不能用基数来测量的，只能用序数(第一，第二，第三……)来表示效用的强弱或高低。而效用的强弱或高低可以用消费者的偏好次序来表示,这种偏好次序又由他对物品进行实际选择的先后次序反映出来。因为在消费者心目中是依照偏好次序来排列物品的。如果一个消费者在苹果和梨子之间任选其一时,他选择苹果而不选择梨子,则说明对他来说,苹果的效用大于梨子的效用。如果有苹果、梨子和菠萝三种物品,他根据手头持有的货币,先买苹果,剩余的钱再买菠萝,如果买了菠萝以后还有钱再买梨子,这种选择次序表明,对他来说,苹果的效用大于菠萝的效用,而菠萝的效用又大于梨子的效用。至于前者的效用比后者大多少,则不加考虑。

2. 传递性(transitivity)

所谓传递性是说,如果一个消费者对苹果(x)的偏好大于对菠萝(y)的偏好,对菠萝的偏好又大于对梨子(z)的偏好,则他对苹果的偏好一定大于对梨子的偏好。

这个公理用公式来表示就是:如果有 $x>y$,$y>z$,则必有 $x>z$。

3. 一致性(consistency)

一致性是指,消费者对数量较大的物品或物品组合的偏好一定大于数量较小的物品或物品组合的偏好。

设 A,B 均为物品 x 和物品 y 不同数量的组合,$A=(x_1,y_1)$,$B=(x_2,y_2)$。如果 $x_1>x_2$,$y_1=y_2$,或 $x_1=x_2$,$y_1>y_2$,或 $x_1>x_2$,$y_1>y_2$,则有 $A>B$。即消费者认为 A 组合的满足程度要大于 B 组合的满足程度。

二、无差异曲线及其特性

无差异曲线(indifference curve),又译作无差别曲线,是用来表示两种物品或两组物品不同数量的组合给消费者带来相等的总满足程度的一条曲线。无差异曲线也叫效用等高线。

假定现在有青菜(x)和豆腐(y)两种物品,按表 3-1 中的 A、B、C、D 四种方式进行组合,这些组合给消费者带来的满足程度是相等的。

表 3-1　青菜和豆腐的不同组合方式

偏好组合	豆腐(y)	青菜(x)
A	6	1
B	3	2
C	2	3
D	1.5	4

表 3-1 的意思是,6 单位豆腐和 1 单位青菜,与 3 单位豆腐和 2 单位青菜、2 单位豆腐和 3 单位青菜、1.5 单位豆腐和 4 单位青菜,对消费者来说其满足程度是一样的,没有

什么差别。

根据表 3-1 可以绘出一条无差异曲线，如图 3-1 所示。

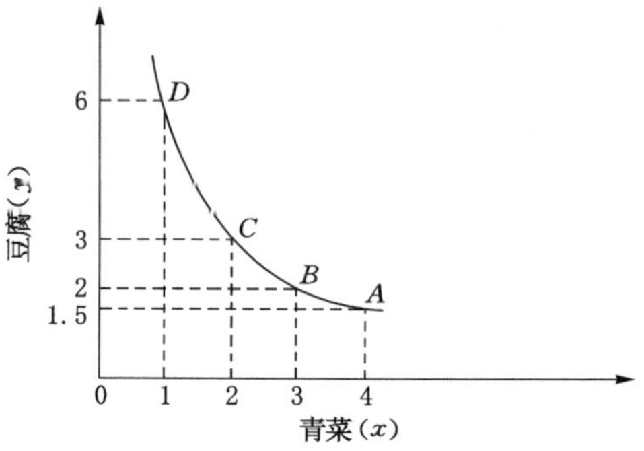

图 3-1　无差异曲线

在图 3-1 中，通过 x 和 y 4 个不同的组合点 A、B、C、D 描绘出来的曲线即为无差异曲线。无差异曲线具有如下特性：

(1) 无差异曲线是一条自左上方向右下方倾斜的曲线，其斜率为负值这个特性说明，在收入和价格一定的条件下，消费者为了获得相等的满足程度，增加一种物品的一定数量必须相应地减少另一种物品的一定数量。在表 3-1 中，随着青菜(x)数量的增加，豆腐(y)的数量相应减少，两种物品在满足消费者的需要上是可以相互替代的。

(2) 满足程度或效用的大小与无差异曲线距原点的远近成正比。这就是说，距离原点越远的无差异曲线所代表的满足程度越高，距离原点越近的无差异曲线所代表的满足程度越低。这是因为距离原点较远的无差异曲线所包含的两种物品的组合数量要大于距离原点较近的无差异曲线所包含的两种物品的组合数量。

在图 3-2 中，有 5 条无差异曲线，它们构成一个无差异曲线群。根据它们距离原点的远近，我们可以知道 L_5 的满足程度最高，依次递减，L_1 的满足程度最低。L_3 的满足程度之所以高于 L_2 的满足程度，是因为 L_3 上任一点 x 和 y 的组合量(如 H 点)都大于 L_2 上任一点 x 和 y 的组合量(如 G 点)。

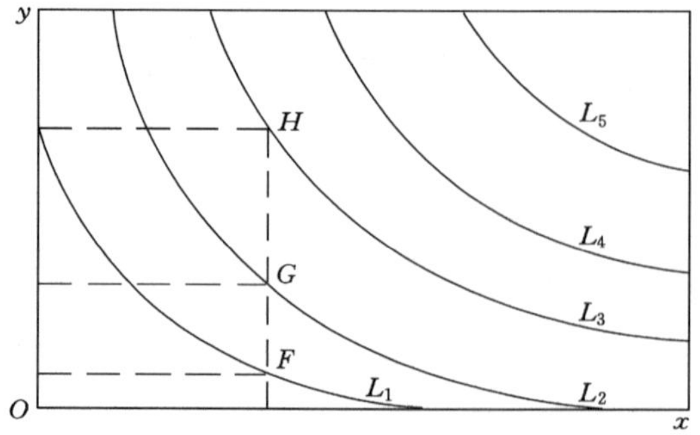

图 3-2　无差异曲线群

三、边际替代率与边际替代率递减规律

如前所述，消费者为了获得相等的满足程度，增加一种物品的一些数量的同时必须放弃另一种物品的一定数量。边际替代率是指，在相等的满足程度（或效用水平）下，消费者所放弃的一种物品的数量与为此必须补偿的另一种物品的数量的比值。

在表 3-1 中，我们放弃物品 y，补偿物品 x，这里以 x 代替 y 的边际替代率（MRS）写成公式就是：

$$MRS_{xy}=\frac{\Delta y}{\Delta x}\text{（取绝对值）} \tag{3-1}$$

例如在表 3-1 中，由 A 组合方式到 B 组合方式，$\Delta x=1$，$\Delta y=-3$，因而边际替代率是：

$$MRS_{xy}=\left|\frac{\Delta y}{\Delta x}\right|=\left|\frac{-3}{1}\right|=3$$

$MRS_{xy}=3$ 的含义是，由组合方式 A 换到 B，增加 1 个单位的物品 x 必须以减少 3 个单位的物品 y 为代价，或者说放弃 3 个单位的物品 y 必须补偿 1 个单位的物品 x，才能获得相等的满足程度。所谓边际替代率递减规律，是指一种物品能代替另一种物品的数量呈减少的趋势。

在表 3-1 中，消费者原来有 6 单位豆腐和 1 单位青菜（组合方式 A），如果增加 1 单位青菜，他愿意放弃 3 单位豆腐（组合方式 B）；如果再增加 1 单位青菜，他又愿意放弃 1 单位豆腐；最后再增加 1 单位青菜，他只愿意放弃 0.5 单位豆腐。在这个例子里，用 x 代替 y 的边际替代率的绝对值由 3 递减到 1，再由 1 递减到 0.5，由此可知边际替代率递减规律的含义。

不难理解，边际替代率也就是无差异曲线上任意一点切线的斜率。由于这个关系，可以由边际替代率递减来证明无差异曲线是凸向原点或上凹的。

四、消费者预算线

预算线（budget line）是表示在一定的价格水平下，消费者用他既定的货币收入购买两种物品的最大可能组合的一条直线，它规定了在一定的价格和收入水平下消费者能够获取两种物品的可能性的界限。预算线也叫预算约束线，消费可能线，收入可能线，价格—收入线，支出线，价格线，等支出线等。

假定全部货币收入 M 花费在价格分别为 P_x 和 P_y 的两种物品 x 和 y 上，预算线方程就可以写作

$$M=P_x\cdot x+P_y\cdot y \tag{3-2}$$

或

$$y=\frac{M}{P_y}-\frac{P_x}{P_y}x$$

由上述方程式可知，预算线的斜率等于所要购买的两种物品的价格之比。

例如，假定某消费者的货币收入 $M=80$ 元，鱼（x）和衬衣（y）的单位价格分别为 $P_x=10$（元），$P_y=16$（元）；如果他用现有 80 元全部购买鱼，可得 $x=8$，这时就没有钱买衬衣，$y=0$；如果他把 80 元全部用在购买衬衣上，可得 $y=5$，这时 $x=0$。由此可以求出一条预算线，如图 3-3 所示。

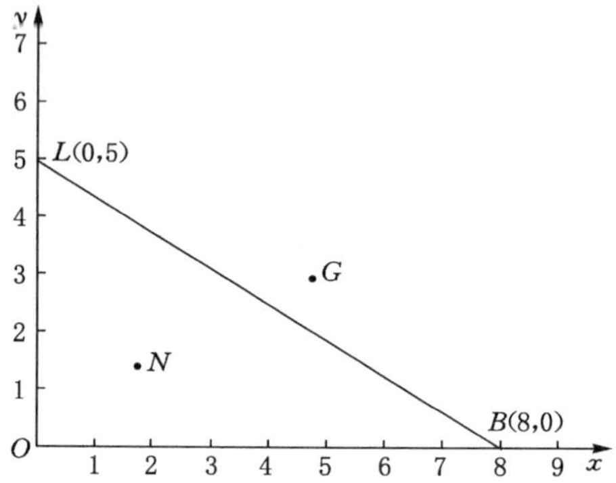

图 3-3　消费者的预算线

这条预算线的方程是：

$$80=10x+16y$$

或

$$y=5-\frac{5}{8}x$$

图 3-3 中的△BOL 为预算空间（budget space），即消费可能性区间或购买能力区间，在货币收入约束条件下（$P_x \cdot x+P_y \cdot y\leqslant M$），消费者只能购买预算空间△$BOL$ 中的任一点的物品组合。如果他购买△BOL 以内任一点的物品组合（如 N 点的 x 和 y 组合），则他的货币收入还有剩余，他的货币没有全部花完；如果他购买△BOL 以外的任一点的物品组合（如 G 点的 x 和 y 组合），则超出了他的预算限制，他现在的收入水平或购买力无法实现这些物品组合。如果他购买 BL 线上任一点的物品组合，则恰好用完现有的全部收入。显然，BL 线上任一点的物品组合均大于△BOL 以内的任一点的物品组合。

五、消费者效用最大化

序数效用论认为，当消费者的收入一定，且两种物品的价格 P_x 和 P_y 一定时，消费者在他的预算线和无差异曲线相切的那一点，所能购买的两种物品实现了最大的数量组合，从而达到了最高满足程度或获得了最大效用。

在图 3-4 中，消费者现在面临三条无差异曲线 U_1、U_2 和 U_3，根据无差异曲线的性质，这三条曲线所代表的满足程度是不同的，依次有 $U_3>U_2>U_1$；根据消费者现有的货币收入水平和物品的价格，可得一条预算线 BL；BL 线和 U_2 线相切于 E 点，在 E 点，消费者的效用达到最大化。

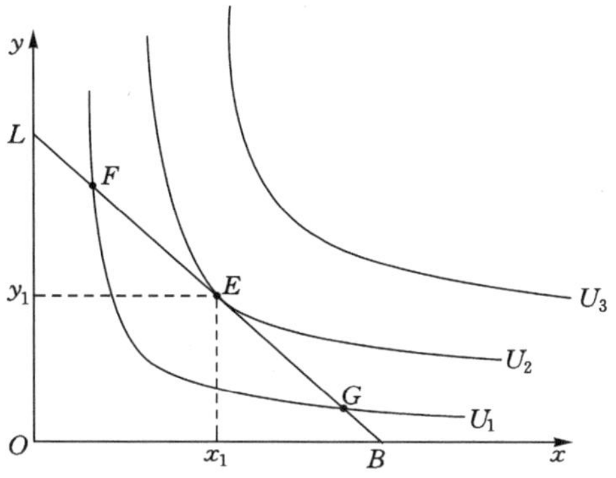

图 3-4　消费者效用最大化

为什么是 E 点，而不是其他点使消费者的效用最大化呢？依据序数效用论，虽然 U_3 所含的满足程度高于 U_2，但是 U_3 位于预算线 BL 以外，所以 U_3 曲线上的商品组合量是无法实现的，简单地说，现在消费者"买不起"U_3 曲线上的商品组合。无差异曲线 U_1，虽然与预算线 BL 相交于 F，G 两点，这两点的商品组合量也是可以实现的，但是由于 U_1 所代表的满足程度要低于 U_2 所代表的满足程度，所以在 F 点和 G 点实现的购买量所代表的满足程度较低，消费者的效用没有达到最大化。而无差异曲线 U_2 和预算线 BL 相切的 E 点，其商品组合量（x_1，y_1）是消费者可以实现的最大的组合量，因而给消费者带来的效用最大。

在 E 点，由于消费者的主观愿望（由 U_2 线表示）和客观能力（由 BL 线表示）相一致，消费者暂时不再改变他的购买行为，因此，E 点又称作消费者均衡点。

六、序数效用论对经济福利水平的分析

在前面的分析中，如果我们放弃消费者的货币收入不变和物品价格不变的假定，就不难发现，随着消费者货币收入的增加或物品价格降低，预算线将会向原点以外移动，这样，不同的预算线将会和不同满足程度的无差异曲线相切，从而使得消费者可以实现的效用水平不断提高（见图 3-5）。

新福利经济学依据无差异曲线分析认为，一个消费者达到最大的满足，不是指达到最大的满足总量，而是指达到最高满足的水平或程度。由于无差异曲线离原点越远所代表的满足水平越高，因此，一个消费者的预算线与无差异曲线相切的切点离原点距离的远近，表示他的福利状况的好坏或满足程度的高低，也就是说，一个消费者的福利状况的变化可以通过他的预算线与无差异曲线相切的切点的变化反映出来。在图 3-5 中，如果消费者的选择可以由 E_1 点变化到 E_3 点，表明他的福利增大了；相反，如果他的选择由 E_2 点被迫转向 E_1 点，则他的福利就降低了。

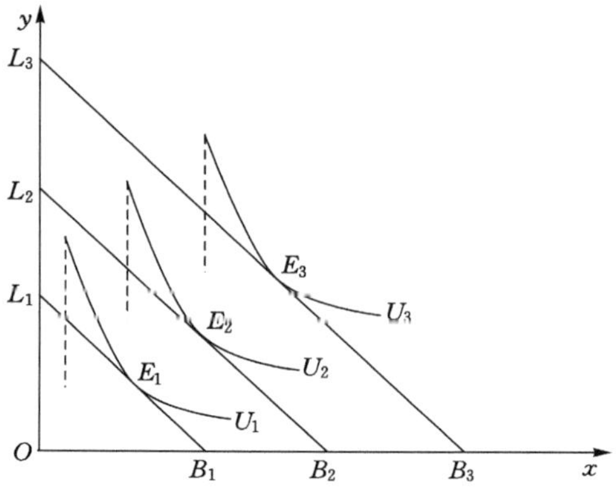

图 3-5　消费者选择的变化

由于消费者能够选择何种高度的无差异曲线上的物品组合取决于消费者的货币收入水平和现行的商品价格水平(这两个因素决定预算线的位置),所以,新福利经济学认为,提高货币收入水平或降低商品的价格水平都会增加消费者的福利。根据这种分析,新福利经济学接受庇古的福利经济学的命题:国民收入增加会增加社会福利。一些新福利经济学家,如勒纳(A. P. Lerner)等人,主张把“收入最优分配”纳入福利经济学的研究范围。但是他同样认为效用是无法测量的,因此无法知道哪一种收入分配方式可以实现社会福利最大化。他认为福利经济学所能做的最令人满意的假定只能是:平均分配将是最能从既定收入水平条件下获得最大满足的一种分配方式。

但是多数新福利经济学家,如卡尔多、希克斯、罗宾斯等人,反对把收入均等化作为增加社会福利的一个必要条件。他们认为,既然效用不能计量,不能加总,一个人所获得的效用总量无法知道,那么不同的个人获得的效用或满足程度究竟是较大还是较小,当然也就无法加以比较。也就是说,富人和穷人从不同的收入因而不同的消费量中所得到的效用或满足程度,亦无法加以比较。因此,他们宣称:新福利经济学“不能为那种认为从富人向穷人的转移将增加社会满足总量的论断辩解”。

希克斯等人认为,公平分配属于伦理道德的问题,对这个问题每个人可以有不同的价值判断,无法依据一个统一的标准加以论证和检验,因此应把收入分配问题从福利经济学中排除出去。福利经济学只研究资源配置或效率最大化问题。

多数的新福利经济学家反对把收入均等化作为增加社会福利的一个必要条件,既然收入公平分配不能成为社会福利最大化的必要条件,那么福利最大化的条件是什么呢?

第二节　判断经济效率的标准

如何判断各种不同的资源配置的优劣,以及确定所有可能的资源配置中的最优资源配置呢?为了回答这个问题,先来考虑如下的简单情况:假定整个社会只包括两个人，如甲和乙，且只有两种可能的资源配置状态，如 A 和 B。甲和乙在 A 和 B 之间进行选择，是状态 A 优于状态 B？还是相反，状态 B 优于状态 A？或者，状态 A 与状态 B 二者无差异？

对于单个人如甲或乙，假定他可以在两种资源配置状态 A 和 B 中做出明确的选择，即他或者认为 A 优于 B，或者认为 A 劣于 B，或者认为 A 与 B 无差异。三者必居其一。因此，单个人甲对 A 和 B 的选择具有如下三种可能：

$$A>B;A=B;A<B$$

式中符号“$>$”、“$=$”和“$<$”分别表示甲的三种看法，即“优于”、“无差异于”和“劣于”。同样地，单个人乙对 A 和 B 的选择也具有如下三种可能：

$$A>'B;A='B;A<'B$$

式中，符号“$>'$”、“$='$”和“$<'$”分别表示乙的“优于”、“无差异于”和“劣于”三种看法。

现在的问题是，从社会（即由甲和乙两个人构成的社会）的观点来看，这两种资源配置状态 A 和 B 谁优谁劣呢？如果甲和乙持有相同的看法，即都认为 A 优于 B（或 A 劣于 B，或 A 与 B 无差异），则自然也可认为，从社会的观点看，亦有 A 优于 B（或 A 劣于 B，或 A 与 B 无差异）。可惜的是，这种情况并不总会出现，特别是，当一个社会包括许多单个人的时候，要使所有这些单个人的意见完全一致几乎是不可能的。

由于甲有三种可能的选择，乙也有三种可能的选择，因此，从整个社会来看就存在九种可能的选择情况：

① $A>B,A>'B$；② $A>B,A='B$；③ $A>B,A<'B$；④ $A=B,A>'B$；⑤ $A=B,A='B$；⑥ $A=B,A<'B$；⑦ $A<B,A>'B$；⑧ $A<B,A='B$；⑨ $A<B,A<'B$。

这九种可能的选择情况，按甲和乙的不同态度可分为三大类型。第一种类型是甲和乙的意见完全相反，这包括上述第 3 和第 7 两种情况；第二种类型是甲和乙的意见完全相同，这包括第 1、第 5 和第 9 三种情况；第三种类型是甲和乙的意见基本一致，这包括剩余的第 2、第 4、第 6 和第 8 四种情况。

首先来看第一种类型。如甲和乙的意见完全相反，是否能够从社会的角度对状态 A 和 B 的优劣做出明确的说明呢？这里显然遇到了麻烦。除非能够假定甲的意见（或者乙的意见）无关紧要，从而可以不加考虑，否则不能判断 A 与 B 的优劣。换句话说，在这种情况下，从社会的观点看，状态 A 与 B 是“不可比较的”，即没有任何“客观”的标准对它们进行判断。

如果去掉不可比较的第一种类型的两种情况，则剩下的其余两种类型共七种情况均可看成可以比较的。就第二种类型而言，甲和乙的看法完全一致，此时自然可以认为甲和乙的共同看法就代表了社会的看法。因此，第 1 种、第 5 种和第 9 种这三种情况意味着从社会角度看，A 优于、无差异于及劣于 B。

在第三种类型中，甲和乙的看法基本一致，但不是完全一致，不过，在这种情况下，也可能由个人的观点形成社会的看法。例如，以其中的第 2 种情况为例。此时有 $A>$

B,$A='B$,即甲认为 A 优于 B,而乙认为二者无差异。这表明,如果让资源配置状态从 B 变动到 A,则从整个社会来看,这种改变至少使得甲的状况变好,而没有使乙的状况变坏。也就是说,这种变动的净结果是增进了甲的福利,从而也增进了社会的福利。因此,在第 2 种情况下,可以得到的结论是:社会认为 A 优于 B。第三种类型中的第 4 种、第 6 种和第 8 种等情况亦可以按上述方法同样分析。

现在将上述"可以比较"的七种情况,按它们形成的社会观点重新加以分类如下:

(1) A 优于 B。

A 优于 B 包括三种情况:① $A>B$,$A>'B$;② $A>B$,$A='B$;③ $A=B$,$A>'B$。这表明甲和乙都认为 A 优于 B,或者甲和乙中有一个人认为 A 优于 B,而另一个人并不认为 A 劣于 B,则从社会的观点看,就有 A 优于 B。说得更精练一点就是:如果甲和乙中至少有一人认为 A 优于 B,而没有人认为 A 劣于 B,则从社会的观点看有 A 优于 B。

(2) A 与 B 无差异。

A 与 B 无差异包括一种情况:$A=B$,$A='B$。这表明:如果甲和乙都认为 A 和 B 无差异,则从社会的观点看,A 和 B 也无差异。

(3) A 劣于 B。

A 劣于 B 包括三种情况:① $A=B$,$A<'B$;② $A<B$,$A='B$;③ $A<B$,$A<'B$。这表明:如果甲和乙都认为 A 劣于 B,或者,甲和乙中有一个人认为 A 劣于 B,而另一个人并不认为 A 优于 B,则从社会的观点来看有 A 劣于 B。说得更精练一点就是:如果甲和乙中至少有一个人认为 A 劣于 B,而没有人认为 A 优于 B,则从社会的观点看,就有 A 劣于 B,显然,这里所说的与 A 优于 B 的情况恰好相反。将以上所说的总结起来,便有可能得到两人社会在两种可能的资源配置状态中的一种选择标准。如果两人中至少有一人认为 A 优于(或劣于)B,而没有人认为 A 劣于(或优于)B,则从社会的观点看,亦有 A 优于(或劣于)B。如果两人都认为 A 与 B 无差异,则从社会的观点看,亦有 A 与 B 无差异。

显而易见,上述结论不只适用于两人社会在两种可能的资源配置中进行选择的简单情况,它也可以很容易地推广到许多人组成的社会在多种资源配置状态中进行选择的一般情况。社会的选择标准只需稍微变动如下(其中 A 与 B 是任意两种状态):如果至少有一人认为 A 优于 B,而没有人认为 A 劣于 B,则从社会的观点看亦有 A 优于 B。

这就是所谓的帕累托最优状态标准,简称为帕累托标准。帕累托最优状态又称作经济效率。满足帕累托最优状态就是具有经济效率的;反之,不满足帕累托最优状态就是缺乏经济效率的。例如,如果产品在消费者之间的分配已经达到这样一种状态,即任何新分配都会至少降低一个消费者的满足水平,那么,这种状态就是最优的或最有效率的状态。同样地,如果生产要素在厂商之间的配置已经达到这样一种状态,即任何重新配置都会至少降低一个厂商的产量,那么,这种状态就是最优的或最有效率的状态。

帕累托最优状态是最有经济效率的,因此利用帕累托最优状态标准,可以对资源配置状态的任意变化做出“好”与“坏”的判断。如果既定的资源配置状态的改变使得至少有一个人的状况变好而没有使任何人的状况变坏，则认为这种资源配置状态的变化是“好”的；否则认为是“坏”的。这种以帕累托标准来衡量为“好”的状态改变称为帕累托改进。更进一步，利用帕累托标准和帕累托改进，可以定义所谓“最优”资源配置：如果对于某种既定的资源配置状态，所有的帕累托改进均不存在，即在该状态下，任何改变都不能使至少有一个人的状况变好而又不使任何人的状况变坏，则称这种资源配置状态为帕累托最优状态。换言之，如果对于某种既定的资源配置状态还存在帕累托改进，即在该状态下，还存在某种（或某些）改变可以使至少一个人的状况变好而不使任何人的状况变坏，则这种状态就不是帕累托最优状态。

第三节　帕累托最优条件

达到帕累托最优状态所必须满足的条件，被称为帕累托最优条件。它包括交换的帕累托最优条件、生产的帕累托最优条件以及交换和生产的帕累托最优条件。

一、交换的帕累托最优条件

首先还是考虑两种既定数量的产品在两个单个消费者之间的分配问题，然后将所得的结论推广到一般情况。

假定两种产品分别为 X 和 Y，其既定数量为 $\overline{X}$ 和 $\overline{Y}$。两个消费者分别为 A 和 B。下面用一种叫作埃奇沃斯盒形图的工具来分析这两种产品在两个消费者之间的分配，参见图 3-6。埃奇沃斯盒形图是由两个分别表示两个消费者对两种产品的消费数量的坐标图对扣组合在一起形成的。盒形图的水平长度表示整个经济中第一种产品 X 的数量 $\overline{X}$，盒形图的垂直高度表示第二种产品 Y 的数量 $\overline{Y}$，O_A 为第一个消费者 A 的坐标原点，O_B 为第二个消费者 B 的坐标原点。从 O_A 水平向右测量消费者 A 对第一种商品 X 的消费数量 O_A，垂直向上测量他对第二种商品 Y 的消费数量 Y_A；从 O_B 水平向左测量消费者 B 对第一种商品 X 的消费数量 X_B，垂直向下测量他对第二种商品 Y 的消费数量 Y_B。

现在考虑盒中的任意一点，如 a。a 点对应于消费者 A 的消费数量（X_A，Y_A）和消费者 B 的消费数量（X_B，Y_B）。下式成立：

$$\begin{aligned} X_A+X_B&=\overline{X} \\ Y_A+Y_B&=\overline{Y} \end{aligned} \tag{3-3}$$

换句话说，盒中任意一点确定了一套数量，表示每一个消费者对每一种产品的消费，且满足式(3-3)。因此，盒子（包括边界）确定了两种物品在两个消费者之间的所有可能的分配情况。特别是，在盒子的垂直边上的任意一点，表明某个消费者不消费 X；在盒子的水平边上的任意一点，表明某个消费者不消费 Y。现在的问题是，在埃奇沃斯

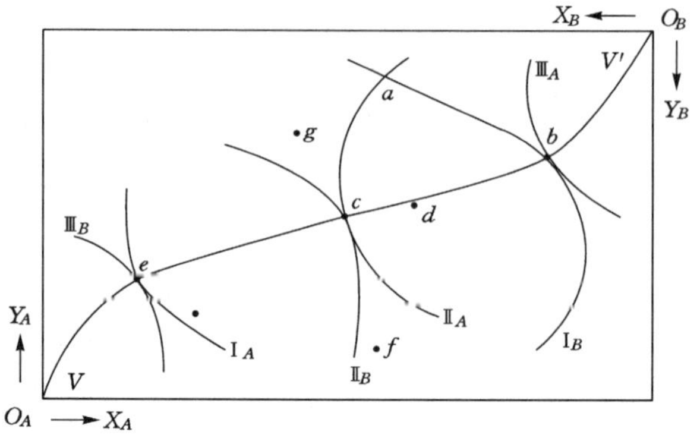

图 3-6　交换的帕累托最优

盒形图中的全部可能的产品分配状态中，哪一些是帕累托最优状态呢？为了分析这一点，需要在埃奇沃斯盒形图中加入消费者偏好的信息，即加入每个消费者的无差异曲线。由于 O_A 是消费者 A 的坐标原点，故 A 的无差异曲线向右下方倾斜且向点 O 凸出。图 3-6 中，$Ⅰ_A$、$Ⅱ_A$ 和 $Ⅲ_A$ 是消费者 A 的三条代表性无差异曲线，其中，$Ⅲ_A$ 代表较高的效用水平，而 $Ⅰ_A$ 代表较低的效用水平。一般来说，从 O_A 点向右移动，标志着消费者的效用水平提高。由于 O_B 是消费者 B 的坐标原点，故 B 的无差异曲线向右下方倾斜，且向 O_B 点凸出。图 3-6 中，$Ⅰ_B$、$Ⅱ_B$ 和 $Ⅲ_B$ 是消费者 B 的三条代表性无差异曲线，其中，值得注意的是，$Ⅲ_B$ 代表较高的效用水平，而 $Ⅰ_B$ 代表较低的效用水平。一般来说，从 O_B 点向左移动，标志着消费者 B 的效用水平提高。

现在在埃奇沃斯盒形图中任选一点表示两种商品在两个消费者之间的一种初始分配状态。例如，选择一点 a。由于假定效用函数是连续的，故点 a 必然处于消费者 A 的某条无差异曲线上，同时也处于消费者 B 的某条无差异曲线上，即消费者 A 和 B 分别有一条无差异曲线经过 a 点。因此，这两条无差异曲线或者在 a 点相交，或者在 a 点相切。假定两条无差异曲线在 a 点相交(如图 3-6 所示，a 点是无差异曲线 $Ⅱ_A$ 和 $Ⅰ_B$ 的交点)，容易看出，a 点不可能是帕累托最优状态。这是因为，通过改变该初始分配状态，如从 a 点变动到 b 点，则消费者 A 的效用水平从无差异曲线 $Ⅱ_A$ 提高到 $Ⅲ_A$，而消费者 B 的效用水平并未变化，仍然停留在无差异曲线 $Ⅰ_B$ 上。因此，在 a 点仍然存在帕累托改进的余地。当然，在 a 点还存在其他形式的帕累托改进。例如，从 a 点变动到 c 点，则消费者 A 的效用水平不变，它仍然在无差异曲线 $Ⅱ_A$ 上，但消费者 B 的效用水平却得到了提高：从无差异曲线 $Ⅰ_B$ 提高到 $Ⅱ_B$；而如果让 a 点变动到 d 点，则消费者 A 和 B 的效用水平均会提高。由此得到结论：在交换的埃奇沃斯盒形图中的任意一点，如果它处在消费者 A 和 B 的两条无差异曲线的交点上，则它就不是帕累托最优状态，因为在这种情况下，总存在帕累托改进的余地，即总可以改变该状态，使至少一个人的状况变好而没有一个人的状况变坏。

如果假定初始的产品分配状态处于两条无差异曲线的切点，如点 c 上，则容易看出，此时不存在任何帕累托改进的余地，即它们均为帕累托最优状态。改变 c 点的状态只有如下几种可能：向右上方移到消费者 A 的较高的无差异曲线上，则 A 的效用水平提高了，但消费者 B 的效用水平下降了；向左下方移到消费者 B 的较高的无差异曲线上，则消费者 B 的效用水平提高了，但消费者 A 的效用水平下降了；剩下的唯一一种可能则是消费者 A 和 B 的效用水平都降低。例如，从 c 点移到 g 点或 f 点，都属此种情况。由此可得结论：在交换的埃奇沃斯盒形图中的任意一点，如果它处在消费者 A 和 B 的两条无差异曲线的切点上，则它就是帕累托最优状态，并称之为交换的帕累托最优状态。在这种情况下，不存在有帕累托改进的余地，即任何改变都不能使至少一个人的状况变好而没有人的状况变坏。

无差异曲线的切点不只是点 c 一个。点 b 和点 e 以及其他许多未在图 3-6 中画出的点也都是无差异曲线的切点，从而都代表帕累托最优状态。所有无差异曲线的切点的轨迹构成曲线 VV'，叫作交换的契约曲线（或效率曲线），它表示两种产品在两个消费者之间所有的最优分配（即帕累托最优状态）的集合。

应当指出，在交换的帕累托最优集合，即在交换的契约曲线 VV' 上，两个消费者的福利分配具有不同的情况。当我们沿着 V 曲线从点 e 移到点 c 时，消费者 A 通过牺牲消费者 B 的利益而好起来，反之亦然。根据帕累托标准，我们不能说 VV' 曲线上的点 c 比曲线上的其他点要更好一些。例如，我们不能说点 e 比点 c 代表更好的分配。根据帕累托标准，它们是不可比较的，因为从点 e 移到点 c（或者相反）使一个人的状况变好，却使另一个人的状况变坏。我们所能够说的仅仅是，给定任何不在曲线 VV' 上的点，总存在比它更好的点，而这些点在曲线 VV' 上。

如果社会具有明显的关于福利分配的偏好，例如，假设经济处于点 c，而社会宁愿以牺牲消费者 B 的利益使消费者 A 更好一些，比如说，宁愿要点 c 而非点 e，则根据这个分配偏好，社会将使经济沿着曲线 VV' 从点 e 移到点 c。这是从帕累托最优状态集合中，根据社会的分配偏好选择其中的某些状态。

从交换的帕累托最优状态可以得到交换的帕累托最优条件。我们知道，交换的帕累托最优状态是无差异曲线的切点，而无差异曲线的切点的条件是在该点上两条无差异曲线的斜率相等。无差异曲线的斜率的绝对值又叫作两种商品的边际替代率（更准确地说，是商品 X 代替商品 Y 的边际替代率）。因此，交换的帕累托最优状态的条件可以用边际替代率的术语来表示：要使两种商品 X 和 Y 在两个消费者 A 和 B 之间的分配达到帕累托最优状态，则对于这两个消费者来说，这两种商品的边际替代率必须相等。如设对于消费者 A 和 B 来说，X 代替 Y 的边际替代率分别用 MRS_{XY}^{A} 和 MRS_{XY}^{B} 表示，则交换的帕累托最优状态条件的公式就是：

$$MRS_{XY}^{A}=MRS_{XY}^{B} \tag{3-4}$$

为了说明上面的边际条件，可以举一个数字的例子来帮助加深理解。假定在初始的分配中，消费者 A 的边际替代率 MRS_{XY}^{A} 等于 3，消费者 B 的边际替代率 MRS_{XY}^{B} 等于

5，这意味着 A 愿意放弃 1 单位的 X 来交换不少于 3 单位的 Y。因此，A 若能用 1 单位 X 交换到 3 单位以上的 Y 就增进了自己的福利。B 愿意放弃不多于 5 单位的 Y 来交换 1 单位的 X。因此，B 若能用 5 单位以下的 Y 交换到 1 单位的 X 就增进了自己的福利。由此可见，如果消费者 A 用 1 单位的 X 交换 4 单位的 Y，而消费者 B 用 4 单位的 Y 交换 1 单位的 X，则他们两个人的福利都得到了提高。只要两个消费者的边际替代率相等，上述这种重新分配（使某些消费者好起来而不会使其他消费者坏下去）就总是可能的，就总存在有帕累托改进的余地。换句话说，当边际替代率不相等时，产品的分配未达到帕累托最优状态。

二、生产的帕累托最优状态

交换的帕累托最优研究了两种既定数量的产品在两个消费者之间的分配情况，生产的帕累托最优则要研究两种既定数量的生产要素在两个生产者之间的分配情况。

假定两种生产要素分别为 L 和 K，其既定数量为 $\overline{L}$ 和 $\overline{K}$。两个生产者分别为 C 和 D。于是生产要素 L 和 K 在生产者 C 和 D 之间的分配情况亦可以用埃奇沃斯盒形图来表示，参见图 3-7。盒形图的水平长度表示整个经济中第一种生产要素 L 的数量 $\overline{L}$，盒形图的垂直高度表示第二种生产要素 K 的数量 $\overline{K}$。O_C 为第一个生产者 C 的坐标原点；O_D 为第二个生产者 D 的坐标原点。从 O 水平向右测量生产者 C 对第一种生产要素 L 的消费数量 L_C，垂直向上测量它对第二种生产要素 K 的消费数量 K_C；从 O_D 水平向左测量生产者 D 对第一种生产要素 L 的消费数量 L_D，垂直向下测量它对第二种生产要素 K 的消费数量 K_D。

考虑盒中的任意一点，如 a'。a' 点对应于生产者 C 的生产消费数量（L_C，K_C）和生产者 D 的生产消费数量（L_D，K_D）。很明显，下式成立：

$$\begin{aligned} L_C + L_D &= \overline{L} \\ K_C + K_D &= \overline{K} \end{aligned} \tag{3-5}$$

即盒中任意一点确定了两种生产要素在两个生产者之间的所有可能的分配情况。

在埃奇沃斯盒形图中的全部可能的生产要素分配状态中，哪些是帕累托最优状态呢？为此，在盒中加入每个生产者的生产函数的信息，即其等产量线。由于 O_C 是生产者 C 的坐标原点，因此 C 的等产量线如 I_C、II_C 和 III_C 所示。其中 III_C 代表较高的产量水平，而 I_C 代表较低的产量水平。一般来说，从 O 点向右移动，标志着生产者 C 的产量水平提高。由于 O_D 是生产者 D 的坐标原点，故 D 的等产量线如 I_D、II_D 和 III_D 所示。其中，值得注意的是，III_D 代表较高的产量水平，而 I_D 代表较低的产量水平。一般来说，从 O_D 点向左移动，标志着生产者 D 的产量水平提高。

现在在埃奇沃斯盒形图中任选一点如 a'。由于假定生产函数是连续的，故点 a' 必然处于生产者 C 和 D 的等产量线的交点或切点上。假定点 a' 是两条等产量线的交点（如图 3-7 所示，点 a' 是等产量线 II_C 和 I_D 的交点）。容易看出，a' 点不可能是帕累托最优状态。这是因为，通过改变该初始分配状态，例如从 a' 点变动到 b' 点，则生产者 C 的产量水平从等产量线 Ⅱ_C 提高到 Ⅲ_C，而生产者 D 的产量水平并未变化，仍然停留在等产量线 Ⅰ_D 上。因此，在 a' 点仍然存在帕累托改进的余地。此外，让 a' 点变动到 c' 点，则生产者 C 的产量水平未提高，但生产者 D 的产量水平却提高了。如果让 a' 点变动到 d' 点，则生产者 C 和 D 的产量均会提高。由此得到结论：在生产的埃奇沃斯盒形图中的任意一点，如果它处在生产者 C 和 D 的两条等产量线的交点上，则它就不是帕累托最优状态。

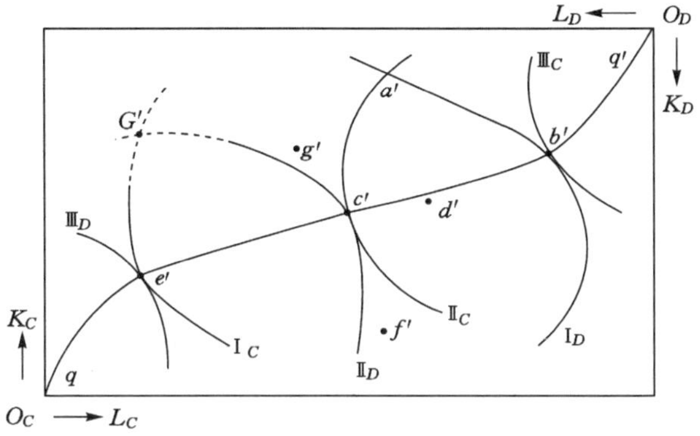

图 3-7　生产的帕累托最优

如果假定初始的生产要素分配状态处于两条等产量线的切点如点 c'，则容易看出此时不存在任何帕累托改进的余地，即它们均为帕累托最优状态。改变 c' 点状态只有如下几种可能：向右上方移到生产者 C 较高的等产量线上，则生产者 D 的产量会下降；向左下方移到生产者 D 较高的等产量线上，则生产者 C 的产量水平会下降；剩下的唯一一种可能则是生产者 C 和 D 的产量水平都降低。例如，从 c' 点移到 g' 点和 f' 点，都属此种情况。由此可得结论：在生产的埃奇沃斯盒形图中的任意一点，如果它处在生产者 C 和 D 的两条等产量线的切点上，则它就是帕累托最优状态，并称之为生产的帕累托最优状态。

等产量线的切点不只是点 c' 一个，点 b' 和点 e' 等也都是等产量线的切点，从而也都是帕累托最优状态。所有等产量线的切点的轨迹构成曲线 qq'。qq' 曲线叫作生产的契约曲线（或效率曲线），它表示两种生产要素在两个生产者之间的所有最优分配（即帕累托最优）状态的集合。

与交换的契约曲线一样，在生产的契约曲线上，即在生产的帕累托最优集合中，两个生产者的福利分配也具有不同的情况。当我们沿着曲线 qq' 从点 e' 移到点 c' 时，生产者 C 通过牺牲生产者 D 的利益而好起来；反之亦然。根据帕累托标准，它们是不可比较的，我们所能够说的仅仅是，给定任何不在曲线 qq' 上的点，总存在比它更好的点，而这些点在曲线 qq' 上。

从生产的帕累托最优状态可以得到生产的帕累托最优条件，生产的帕累托最优状态是等产量线的切点，而在该点上，两条等产量线的斜率相等。等产量线的斜率的绝对值又叫作两种要素的边际技术替代率（更准确地说，是要素 L 代替要素 K 的边际技术替代率）。因此，生产的帕累托最优状态的条件可以用边际技术替代率的术语来表示：要使两种生产要素 L 和 K 在两个生产者 C 和 D 之间的分配达到帕累托最优状态，则对于这两个生产者来说，这两种生产要素的边际技术替代率必须相等。如设对于生产者 C 和 D 来说，L 代替 K 的边际技术替代率分别用 $MRTS_{LK}^{C}$ 和 $MRTS_{LK}^{D}$ 来表示，则生产的帕累托最优状态条件的公式就是：

$$MRTS_{LK}^{C}=MRTS_{LK}^{D} \tag{3-6}$$

可以举一个简单的数字例子来说明上述最优条件。假定在初始的分配中，生产者 C 的边际技术替代率 $MRTS_{LK}^{C}$ 等于 3，生产者 D 的边际技术替代率 $MRTS_{LK}^{D}$ 等于 5。这意味着 C 愿意放弃 1 单位的 L 来交换不少于 3 单位的 K。因此，C 若能用 1 单位的 L 交换到 3 单位以上的 K，就增进了自己的福利。而 D 愿意放弃不多于 5 单位的 K 来交换 1 单位的 L。因此，D 若能以 5 单位以下的 K 交换到 1 单位的 L，就增进了自己的福利。由此可见，如果生产者 C 用 1 单位 L 交换 4 单位的 K，而生产者 D 用 4 单位的 K 交换 1 单位的 L，则他们两个人的福利都得到了提高。只要两个生产者的边际技术替代率不相等，上述这种重新分配（使某些生产者好起来而不使其他生产者坏下去）就总是可能的。

三、生产可能性曲线

1. 生产可能性曲线的推导

为分析需要，现在我们把投入空间转换到产出空间。

在图 3-7 中，生产契约曲线 qq' 代表了所有生产的帕累托最优状态的集合。具体来说，生产契约曲线 qq' 上的每一点均表示两种投入在两个生产者之间的分配为最优，即表示最优投入。但是，仔细观察却可以发现，在生产契约曲线上的每一点也表示了一定量投入要素在最优配置时所能生产的一对最优的产出：曲线上每一点均为两个生产者的等产量线的切点，故它同时处在（两个生产者的）两条等产量线上，从而代表了两种产品的产量；这两种产出还是帕累托意义上的最优产出，即此时要增加某一产品的数量，就不得不减少另一种产品的数量。

例如，考虑图中 3-7 中的生产契约曲线上一点 c'。它是两条等产量线 II_C 和 II_D 的切点，如果设 II_C 所表示的产出 X 的数量为 X_1，II_D 所表示的产出 Y 的数量为 Y_1，则点 c' 就表示最优产出量（X_1，Y_1）。同样地，生产契约曲线上的另外一点 e' 是等产量线 I_C 和 III_D 的切点，如果设 I_C 和 III_D 所表示的产出分别为 X_2 和 Y_2，则 e' 点就表示最优产出量（X_2，Y_2）。遍取生产契约曲线上的每一点，可得到相应的所有最优产出量。

现在考虑上述所有最优产出量的集合的特点，图 3-8 中横轴表示最优产出量中 X 的数量，纵轴表示最优产出量中 Y 的数量。利用图 3-8，可以画出最优产出量的轨迹。

例如，对应于图 3-7 中生产契约曲线上的点 c'，最优产出量为 (X_1, Y_1)，该量在图 3-8 中就是点 c''。同样地，对应于生产契约曲线上的点 e'，最优产出量为 (X_2, Y_2)，该产出量在图 3-8 中就是点 e''。将生产契约曲线上每一点均通过这种方式“变换”到图 3-8 中来，便得到曲线 PP'。曲线 PP' 通常称作生产可能性曲线（或产品转换曲线）。显而易见，生产可能性曲线 PP' 就是最优产出量集合的几何表示。

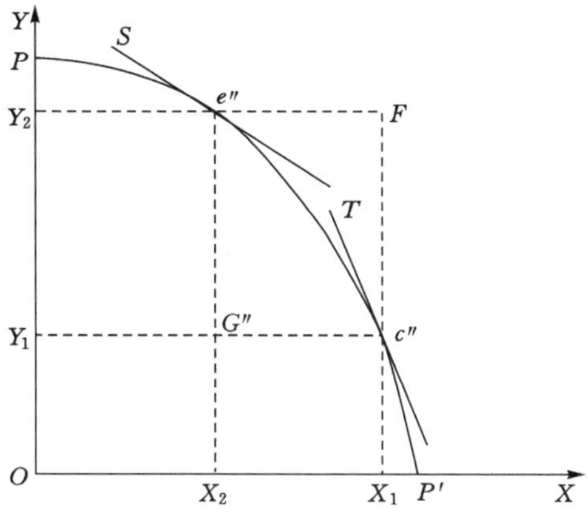

图 3-8　生产可能性曲线

2. 边际转换率

图 3-8 中的生产可能性曲线 PP' 具有两个特点：第一，它向右下方倾斜；第二，它向右上方凸出。第一个特点较容易解释。从生产的契约曲线可知，当沿着该曲线运动时，一种产出的增加必然伴随着另一种产出的减少，即在最优产出量中，两种最优产出的变化是相反的。例如，当我们从点 e'' 移到点 c'' 时，X 的产出增加了，但 Y 的产出却下降了。这种反方向变化说明两种最优产出之间的一种“转换”关系，即可以通过减少某种产出数量来增加另一种产出的数量，这也是之所以称生产可能性曲线为产品转换曲线的原因。如果设产出 X 的变动量为 ΔX，产出 Y 的变动量为 ΔY，则它们的比率的绝对值 $|\Delta Y/\Delta X|$ 可以衡量 1 单位 X 商品转换为 Y 商品的比率。该比率的极限则定义为 X 商品对 Y 商品的边际转换率 MRT。

$$MRT = \lim_{\Delta x \to 0} \left| \frac{\Delta Y}{\Delta X} \right| = \left| \frac{\mathrm{d}Y}{\mathrm{d}X} \right|$$

换句话说，所谓产品的边际转换率就是生产可能性曲线的斜率的绝对值。

现在来看生产可能性曲线的第二个特点：凸向右上方。如果借用产品的边际转换率这个概念，则可以将生产可能性曲线的第二个特点描述为：产品的边际转换率递增。例如，在图 3-8 中，当 X 的数量为 X_2 时，相应的边际转换率等于生产可能性曲线上点 e'' 的切线 S 的斜率的绝对值，而当 X 的数量增加到 X_1 时，相应的边际转换率等于点 c'' 的切线 T 的斜率的绝对值。显而易见，T 的斜率的绝对值要大于 S 的斜率的绝对值。因此，随着 X 产品数量的增加，X 转换为 Y 的边际转换率也在增加。

为什么产品的边际转换率是递增的呢？或者说，为什么生产可能性曲线的斜率绝对值趋于增大呢？这一点要用资源的边际生产率递减和边际成本递增来解释。由于生产要素适合于某种产品的生产总是有限度的。例如，假定一个社会只生产两种产品：棉布与面包。因为有一部分资源（如适合种植棉花的土地）特别适合于生产棉布，另一部分资源（如适合种植小麦的土地）特别适合于生产面包。如果把越来越多的资源（如土地）投入棉花和棉布的生产（相应地，越来越少的土地投入小麦和面包的生产），由于那些不太适合种植棉花的土地将越来越多地转变到棉花的生产，则每单位资源的生产效率就会出现递减，因此，生产棉布的资源边际生产率是递减的，或者说边际成本是递增的。对于面包生产的情况也可以作类似的分析，它的资源边际生产率也是递减的。由此可见，当一种产品如 X 增加而另一种产品如 Y 减少时，X 的边际生产率是递减的，同时，Y 的边际生产率是递增的。

上述推理可以用数学公式简单推导如下。首先将产品边际转换率公式稍稍变形：

$$MRT=\left|\frac{\mathrm{d}Y}{\mathrm{d}X}\right|=\left|\frac{\mathrm{d}Y}{\mathrm{d}(L+K)}\cdot\frac{\mathrm{d}(L+K)}{\mathrm{d}X}\right|=\left|\frac{\dfrac{\mathrm{d}Y}{\mathrm{d}(L+K)}}{\dfrac{\mathrm{d}X}{\mathrm{d}(L+K)}}\right|$$

式中，$(L+K)$为包括劳动和资本在内的所有生产要素；$\mathrm{d}Y/\mathrm{d}(L+K)$和 $\mathrm{d}X/\mathrm{d}(L+K)$分别为生产要素$(L+K)$生产 Y 和 X 的边际生产率。随着产出 X 的增加，从而产出 Y 减少，$\mathrm{d}X/\mathrm{d}(L+K)$减少，$\mathrm{d}y/\mathrm{d}(L+K)$增加，从而产品的边际转换率 MRT 增加。这就证明了边际转换率是递增的，即生产可能性曲线凹向原点这一性质。

3. 生产不可能性区域和生产无效率区域

图 3-8 中的生产可能性曲线将整个产品空间分为三个互不相交的组成部分：曲线 PP'本身，曲线 PP'右上方区域，以及曲线 PP'左下方区域。由于生产可能性曲线上每一点均表示在现有资源$(\overline{L},\overline{K})$和技术条件下整个经济所能达到的最大产出组合，故在生产可能性曲线右上方的区域实际上是在目前条件下所不能达到的区域，即在现有资源和技术条件下，不可能生产出如 $F(X_1,Y_2)$点那样的产出组合。因此，右上方区域是所谓“生产不可能性区域”。在生产可能性曲线左下方的区域则是“生产无效率区域”，就是说，如果经济处于该区域中，则它还没有达到其可能有的最大产出。例如，在生产可能性曲线左下方一点 G''，其所对应的产量为 X_2 和 Y_1。由于在生产的埃奇沃斯盒形图中，X_2的产出由等产量线 I_C表示，Y_1的产出由等产量线 II_D表示，故 G''点就相当于等产量线 I_C和 II_D的交点，即图 3-7 中的点 G'。点 G'不是等产量线的切点，不在生产契约线上，故不是生产的帕累托最优状态，其投入要素的配置不是最优，从而它所代表的产出量也不是最优的。通过重新配置投入要素，例如，让图 3-7 中 G'点沿等产量线 I_C 移到 e'点，则产出 X 没有变化，但产出 Y 增加到等产量线 III_D所代表的较高水平。在图 3-8 中，这相当于 G''点向上垂直移动到点 e''。如果让图 3-7 中 G'点沿等产量 II_D 线移到 c'，则产出 Y 没有变化，但产出 X 却增加到由等产量线 II_C 所代表的较高水平。在图 3-

8 中，这相当于从 G'' 点向右水平移动到点 c''。如果让图 3-7 中 G' 点沿等产量线 I_C 和 II_D 之间任一路线移到 e' 和 c' 两点之间的生产契约曲线上，则这相当于在图 3-8 中让 G'' 点沿任意路线移动到 e'' 和 c'' 之间的生产可能性曲线上。如果允许缺乏效率的"浪费性"生产，即把生产可能性曲线右下方区域看成可行的生产范围，则全部可行生产范围就是封闭(包括边界在内)的区域 OPP'。这样，可以给生产可能性曲线另外一个解释，即它是生产可能性区域的"边界"，或简单地叫作生产可能性边界(frontier of production probability)。

4. 生产可能性曲线的变动

生产可能性曲线的位置高低取决于投入要素的数量和技术状况。我们知道，生产可能性曲线上任意一点表示在既定要素数量和技术状况条件下所可能生产的最大产出组合。如果要素数量或技术状况发生了变化，则可能生产的最大产出组合就将发生变化，从而生产可能性曲线的位置也就要发生变化，如图 3-9 所示。假定初始的资源数量和技术状况所确定的生产可能性曲线为 PP'。PP' 上任意一点均表示在既定条件下经济所可能生产的最大产出组合。考虑 PP' 上的点 c' 与 c' 对应的产出组合(X_1，Y_1)就是所有可能生产的最大产出组合中的一种。现在假定资源数量增加了，则在 X 和 Y 的生产上均有更多的资源，于是，X 和 Y 的最大产出量均有增加。假定增加的资源数量以某种方式分配到 X 和 Y 这两种生产上，使得 X 和 Y 的最大产出组合增加到(X_2，Y_2)。于是，在原来条件下得到的生产可能性曲线 PP' 上的点 c'，在新的资源数量增大条件下移到了点 c''(X_2，Y_2)。同样地，如果假定技术进步，则亦有如此效果。实际上，资源数量增加和技术进步，不仅是使 c' 点向右上方移动，而且也使原生产可能性曲线上的其他点亦向右上方移动，这意味着，由于资源数量增加和技术进步，生产可能性曲线本身开始向右上方移动，例如移到了 $P_1P''_1$ 的位置。

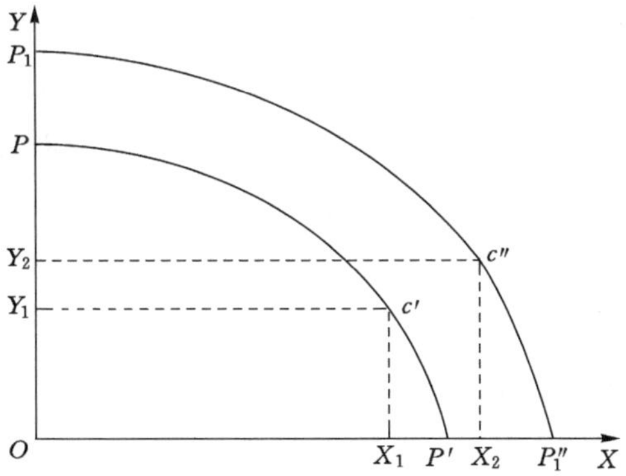

图 3-9　生产可能性曲线变动

四、交换和生产的帕累托最优条件

将交换和生产这两个方面综合起来，可以讨论交换和生产的帕累托最优条件。应当注意的是：交换和生产的最优条件并不是将交换的最优条件和生产的最优条件简单地并列起来。交换的最优只是说明消费是最有效率的。生产的最优只是说明生产是最有效率的。两者的简单并列，只是说明消费和生产分开来看时各自独立地达到了最优，但并不能说明，当将交换和生产综合起来看时，也达到了最优。这一点从下面的分析中将会看得很清楚。

在详细地讨论了生产可能性曲线的情况之后，再来研究如何利用该曲线将生产和交换两个方面综合在一起，从而得到生产和交换的帕累托最优条件。在图 3-10 中的生产可能性曲线上任选一点如 B 点，由生产可能性曲线的性质可知，B 点是生产契约曲线上的一点，故满足生产的帕累托最优条件。从 B 点出发分别引一条垂直线到 $\bar{X}$ 和一条水平线到 $\bar{Y}$，则得到一个矩形 $A\bar{Y}B\bar{X}$。该矩形就是交换的埃奇沃斯盒形图：它的水平长度和垂直长度分别表示两种产出的给定数量 $\bar{X}$ 和 $\bar{Y}$。

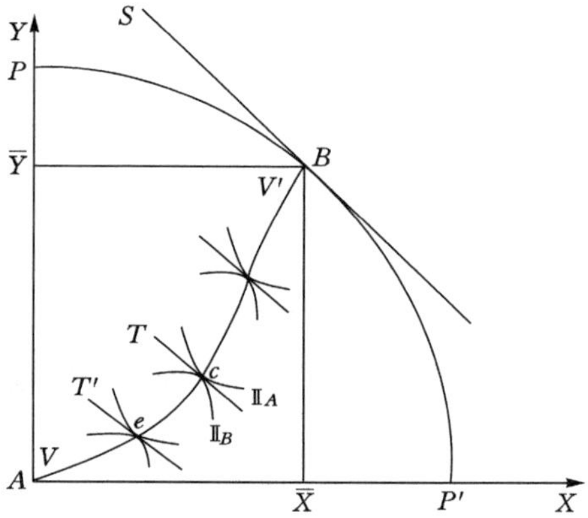

图 3-10　交换和生产的帕累托最优

埃奇沃斯盒形图中的交换契约曲线为 VV'。VV' 上任意一点均为交换的帕累托最优状态。因此，给定生产契约曲线上一点，即给定一个生产的帕累托最优状态，现在有一条交换的契约曲线，即有无穷多个交换的帕累托最优状态与之对应。在这无穷多个交换的帕累托最优状态之中，任意一个点如点 C 都表示交换在单独来看时已经处于最优状态，但并不一定表示在与生产联合起来看时亦达到了最优状态。下面利用产品的边际转换率和边际替代率这两个概念加以说明。

在图 3-10 中，生产可能性曲线上 B 点的切线 S 的斜率的绝对值是产品 Y 在该点上转换为产品 X 的边际转换率 MRT，交换契约曲线上 c 点是无差异曲线 Ⅱ_A 和 Ⅱ_B 的切点。Ⅱ_A 和 Ⅱ_B 的共同切线 T 的斜率的绝对值是产品 Y 在该点上替代产品 X 的边际替代率 MRS。切线 S 和 T 可能平行，也可能不平行，即产品的边际转换率与边际替代率可能相等，也可能不等。如果边际转换率与边际替代率不相等，则可以证明这时并未达到生产和交换的帕累托最优状态。举例说明如下。

假设产品的边际转换率为 2，边际替代率为 1，即边际转换率大于边际替代率。边际转换率等于 2 意味着生产者通过减少 1 单位 X 的生产可以增加 2 单位的 Y。边际替代率等于 1 意味着消费者愿意通过减少 1 单位 X 的消费来增加 1 单位 Y 的消费。在这种情况下，如果生产者少生产 1 单位 X，从而少给消费者 1 单位 X，但却多生产出 2 单位的 Y。从多增加的 2 单位 Y 中拿出 1 单位给消费者即可维持消费者的满足程度不变，从而多余的 1 单位 Y 就代表了社会福利的净增加。这就说明了如果产品的边际转换率大于边际替代率，则仍然存在有帕累托改进的余地，即仍未达到生产和交换的帕累托最优状态。

同样可以分析产品的边际转换率小于边际替代率的情况。例如，假设产品的边际转换率为 1，边际替代率为 2。此时如果生产者减少 1 单位 Y 的生产，从而少给消费者 1 单位的 Y，却多生产出 1 单位的 X，从多增加的 1 单位 X 中拿出半个单位 X 给消费者即可维持消费者的满足程度不变，从而多余的半个单位 X 就代表了社会福利的净增加。这就说明，如果产品的边际转换率小于边际替代率，则仍然存在有帕累托改进的余地，即仍然未达到生产和交换的帕累托最优状态。

给定生产可能性曲线上一点 B 和与 B 相应的交换契约曲线上的一点 c，只要 B 点的产品的边际转换率不等于 c 点的产品边际替代率，则点 c 就仅表示交换的帕累托最优状态，而非生产和交换的帕累托最优状态。由此即得生产和交换的帕累托最优条件：

$$MRS_{XY}=MRT_{XY} \tag{3-7}$$

即产品的边际替代率等于边际转换率。例如，在图 3-10 中的交换契约曲线上，点 e 的边际替代率与生产可能性曲线上点 B 的边际转换率相等，因为过点 e 的无差异曲线的切线 T' 与过点 B 的生产可能性曲线的切线 S 恰好平行。因此，点 e 同时满足生产和交换的帕累托最优条件。

【本章小结】

本章介绍了序数效用分析经济福利的相关概念，循序渐进地研究帕累托最优需要满足的条件。

消费者偏好存在以下特征：次序性、传递性、一致性。

无差异曲线用来表示两种物品或两组物品不同数量的组合给消费者带来相等的总满足程度的一条曲线，也叫效用等高线。其特征为：自左上方向右下方倾斜，斜率为负值；效用的大小与无差异曲线距原点的远近成正比。

边际替代率是无差异曲线上任意一点切线的斜率，且边际替代率递减。

消费者在预算线和无差异曲线相切的那一点，所能购买的两种物品实现了最大的数量组合而达到了最高满足程度或获得了最大效用。切点离原点距离的远近，表示该消费者福利状况的好坏或满足程度的高低。

交换的帕累托最优状态条件的公式：$MRS_{XY}^{A}=MRS_{XY}^{B}$。

生产的帕累托最优状态条件的公式：$MRTS_{LK}^{C}=MRTS_{LK}^{D}$。

生产和交换的帕累托最优条件：$MRS_{XY}=MRT_{XY}$。

【思考题】

1. 简述消费者偏好的特征。
2. 简述无差异曲线的定义及其特征。
3. 判断经济效率的标准有哪些。
4. 什么是消费者预算线？消费者效用最大化需要满足什么条件？
5. 简述生产可能性曲线的定义及其特征。
6. 描述边际替代率、边际技术替代率、边际转换率的定义及公式。
7. 简述帕累托最优的含义及帕累托最优需要满足的条件。

【拓展阅读】

政府、社会、市场参与和合作的成功案例
——广州形成多元参与社区养老服务体系

截至2022年年底，我国60周岁及以上老年人口超过2.8亿，大多老人倾向社区养老。然而，一个社区又该如何提供全方位且可持续的专业养老服务？广州的颐康中心提供了一个社区养老的改革思路。

十多年前，广州已在全国率先开启社区养老探索，破解社区养老难点。截至目前，全市已铺设1 409家长者饭堂和2 839个颐康中心（站），社会力量的广泛参与令养老服务资源不断向群众身边延伸。如今，这场探索和改革仍在不断深化，推动居家社区养老以更专业、优质和可持续的服务，为超200万老人带来更美好的晚年。

大事记

2010年，广州引入专业机构资源，开展居家养老综合服务平台试点。

2014年，广州被确定为首批全国养老服务业综合改革试点城市。

2016年，广州被民政部、财政部确定为中央财政支持开展居家和社区养老服务改革试点城市。

2020年，广州启动街镇综合养老服务中心（颐康中心）建设提升工作，推动每个街镇建设至少1个具备全托、日托、上门服务、对下指导等综合功能的颐康中心，每个村居设置至少1个具备日间照料、上门服务、助餐配餐等功能的颐康服务站。

2021年，《广州市养老服务条例》出台，印发推动基本养老服务体系发展的实施意见及基本养老服务清单，在全国范围内率先以立法形式定义基本养老服务为“政府主导、保障全体老年人生存和发展基本需要、与经济社会发展水平相适应，全体老年人可公平获得的公共服务”。

2022年，广州养老兜底保障、发展普惠型养老服务、完善社区居家养老服务网络等

工作成效明显，获国务院督查激励。

2023年，广州养老兜底保障、发展普惠型养老服务、完善社区居家养老服务网络等工作成效明显，再获国务院督查激励。

观察：广州社区养老价格“够实在”

早在2010年，广州已引入专业机构资源，开展居家养老综合服务平台试点。在多年的探索中，专业服务获得了老人一致好评。但是，不少一线行动者发现，专业服务要持续扎根社区，首先要解决“专业资源的成本兜不兜得住”以及“专业服务谁来买单”的问题。

2016年，广州被民政部、财政部确定为中央财政支持开展居家和社区养老服务改革试点城市。4年后，广州启动街镇综合养老服务中心建设提升工作，持续推动政府保障基本、社会多元参与、全民共建共享的公共服务供给格局，深化养老服务供给侧结构性改革。其中，长者饭堂探索建立了“4个一点”(政府补一点、企业让一点、慈善捐一点、个人掏一点)共同推进“大配餐”的合作机制，而居家社区养老服务由第三方专业机构运营，并遵循普惠原则，推动养老服务事业和产业双轮同步发展，有效回应了居家社区养老的成本问题。

如今，广州100%的养老服务综合体、长者饭堂和家政养老服务由社会力量提供，可获政府运营和其他政策补贴支持。也是得益于政府的支持，部分街道颐康中心全托每月收费在5 600元至7 300元之间；日托每天收费在50元至140元之间；居家社区养老服务项目按照政府指导价收费。不少市民都认为社区养老的普惠价格“够实在”。

展望：专业化为突破口降低边际成本

广州自2022年起连续两年获得国务院督查激励，全市2 839个颐康中心(站)实现村居全覆盖，1 409家长者饭堂遍布城乡，这些数字背后，是一座城市对老年群体的深切关怀，是对城市人文幸福的坚定追求。

“未来养老服务的专业化要求会越来越高，个性化专业服务如何降低边际成本依旧是这个行业最重要的发展课题。”有业内人士表示，“居家社区养老服务依旧要从专业人才和专业服务完善着手，提高专业度，降低服务边际成本；另外也需要政府部门赋予社会力量更多的主体性，联合探寻社区养老进一步专业化的路子。”

接下来广州将优化颐康中心(站)“1+N”社区养老服务网络，健全基本养老服务清单，实施《街镇综合养老服务中心基本规范》地方标准，以行政区为单位建设示范性居家社区养老服务网络，试点建设新型养老社区；此外，打造5个认知障碍照护支持中心，建设高水平认知症专业评估和居家照护人才队伍，2024年年底建成养老服务机构认知障碍照护床位不少于2 200张。

在擦亮长者饭堂招牌方面，广州将强化长者饭堂标准化建设，制定市助餐配餐服务综合评价指标体系，打造100个长者饭堂示范点，探索创新更多样的助餐配餐服务模式，力争2024年全市助餐配餐服务人次超1 000万。

在加快家庭养老床位及居家适老化改造方面，广州将修订实施家庭养老床位及居家适老化改造规范性文件，持续推进特殊困难老年人居家适老化改造工作，推进养老信息化系统整合工作，推动新兴技术在养老场景应用。

以长者饭堂为例，当长者助餐配餐已经发展到一定阶段，有必要思考如何进一步"混业经营"。社区里任何一个实体只要具备这个能力都可以开设老年服务窗口。这样一来，经营机构不会承担过高的成本，能够持续经营，政府还可以考虑向这些机构给予部分补贴，提升积极性。

在综合养老服务方面，当养老服务的社区化服务探索到一定阶段后，未来应该有一种趋势——将社区养老服务纳入到"社区综合服务"的大盘中，一体化统筹管理各类人群，支持多种业态，满足长者们不同的需求，推动资源整合，同时有利于形成社区和谐文化氛围。

（参见《广州发挥全国养老服务改革发展先行示范作用 推动社区养老服务共建共享》，广州市人民政府网站，2024 年 7 月 3 日。有改动）

【思案互动】 请探讨这些案例中政府、社会和市场各自的角色和贡献，思考这些案例如何通过多方合作解决社会问题，并推动社会稳定与和谐。

第四章　补偿原理

【学习要求】

本章主要介绍卡尔多的假想补偿原则、希克斯的长期自然补偿标准、西托夫斯基的双重检验标准、李特尔的三重检验标准以及黄有光的分组补偿检验。通过学习，了解帕累托改进的不足，学习从补偿原理角度判断一项社会政策变动是否可取。

【学习重点和难点】

重点：卡尔多的假想补偿原则、希克斯的长期自然补偿标准、西托夫斯基的双重检验标准、李特尔的三重检验标准、黄有光的分组补偿检验。

难点：西托夫斯基的双重检验标准、李特尔的三重检验标准。

第一节　补偿原理的含义

依据帕累托标准，如果一个社会的资源重新配置使一个人境况变坏，这时即便有许多人的境况变好，这种资源配置状况的改变也是不可取的。一些新福利经济学家认为，帕累托标准过于苛刻，因为在现实中，大多数的政策变化以及由此引起的生产、分配、交换和消费的变化，会使一些人的境况改善而另一些人的境况恶化。在这种情况下，是否仍然可以有一个社会改进的充分标准？这就是新福利经济学中的福利标准问题。围绕这个问题，新福利经济学家展开了一场补偿原则的争论，即帕累托改进标准。帕累托改进标准是指，某一项政策改革如果在提高一部分人的福利水平的同时，不改变其他人的福利水平，那么该项政策改革就是有效率的改革。可见，帕累托改进是社会福利改善的充分条件。但是在现实社会、经济改革中，往往一项政策变动在改善一部分人福利的同时会使另一部分人的境况变差，那么该项改革还是可取的吗？这就引出了补偿原理的问题。

最早提出补偿问题的是美国经济学家霍特林(Hotelling)。他在一篇讨论公共工程建设费用支付问题的论文中写道：对于建造桥梁、隧道和铁路等公共工程的费用支付，是采取征收直接税来支付还是采取征收通行费来支付，哪一种方式更可取呢？他分析说如果采取收费和课税相结合的办法，则可以使每个人的境况都有所改善。如对桥梁、隧道和铁路的服务的收费率定为服务的边际成本，而另外通过征收所得税的方式补偿这些企业的固定费用支出，则全社会因收费率降低和这些服务的使用率提高所得到的收益，会大于因补偿这些企业的固定支出所征收的所得税额。也就是说社会净所得是大于0的，最终每个人的福利均有所改善。因此，这项费用支付机制的改革是有效率的，是可取的。

对于霍特林的分析，卡尔多(Kaldor)认为这个问题与福利经济学有密切关系，他提出了补偿试验办法来解决这个问题。如果进行某项政策变革，使一部分人受益、一部分人受损，假设受益者可以弥补受损者的损失并且有剩余，那么该项政策变革就是可取的。这种判断社会改革政策是否有效的方法称为补偿原理。这里要指出的是，补偿并非实际补偿，如果实际进行了某种方式的补偿，结果如上所述，则该项社会政策变革属于帕累托改进，自然是有效率的变革。所以，补偿原理中的补偿一般是虚拟补偿，包括卡尔多补偿、希克斯补偿、西托夫斯基补偿和李特尔补偿等形式。这些内容下面将具体展开分析。

第二节　补偿原理的主要内容

一、卡尔多的假想补偿原则

福利经济学否认可以在人与人之间进行效用增减的比较，即人际效用比较。因此，当一种经济政策改变使一些人得利，另一些人受损时，就无法判别这种政策变化是否增加了社会福利。卡尔多试图借助于补偿的可能性来摆脱这种困难。1939年，卡尔多发表《经济学的福利主张与个人之间的效用比较》一文，提出后来被称作“假想补偿原则”，作为检验社会福利的标准。

卡尔多认为，某种经济政策的变动，如废除《谷物法》，可能使一些人得益而另一些人受损，但是如果由这种变动获得的利益大于损失，我们可以假设采取一些措施，如通过税收政策向得利者征税来补偿受损者，如果进行补偿以后还有余额，这种政策变动就是可取的，因为它增加了社会福利。

卡尔多认为，经济学家没有必要证明，也无法证明某项政策措施变动没有使任何社会成员的状况恶化。当某项政策使物质生产率提高从而实际总收入增加时，经济学家对这项政策的赞同可以完全不受个人之间满足的比较这一问题的影响。他只需要说明，受损者所蒙受的损失能得到充分补偿，而社会上其他人的境况仍然比以前为好就足够了。这个补偿明显是假设的，不是实际补偿。如果是实际补偿，那就属于帕累托改进，无须提出卡尔多补偿标准了。既然卡尔多补偿是虚拟补偿，如何确定该标准是有效的呢？

卡尔多补偿标准，又称为潜在帕累托改进标准。所谓潜在帕累托改进，是指对于经济政策改革前的状态 A 和改革后的状态 B，不存在所有社会成员都一致地偏好 B，但相对于原始状态 A，均一致地偏好对状态 B 的一个重新分配，那么我们称 B 潜在帕累托优于 A。为什么属于潜在帕累托改进的改革就是可取的？支持者认为，补偿是否真正实施并不重要，因为这是一个收入分配问题，而我们现在关心的是资源配置效率问题，也就是经济效率问题，因而卡尔多补偿标准无疑是成立的。下面我们就卡尔多补偿标准通过图形来深入分析。假设有两个社会成员，改革前状态为 X，改革后状态为 X'。改革的效果用效用可能性曲线反映，改革前的效用可能性曲线为 U，改革后效用可能性曲线为 U'，则效用可能性曲线可以表示为两个社会成员的效用组合集，可用符号表示如下：

$$U=\{U_1(Y_1),U_2(Y_2):Y_1+Y_2=X_1+X_2\}$$
$$U'=\{U_1(Y_1),U_2(Y_2):Y_1+Y_2=X_1+X_2\}$$

针对两个社会成员改革前后的不同效用组合变化情况，我们用效用可能性曲线图来进行比较分析，如图 4-1、图 4-2、图 4-3、图 4-4 所示

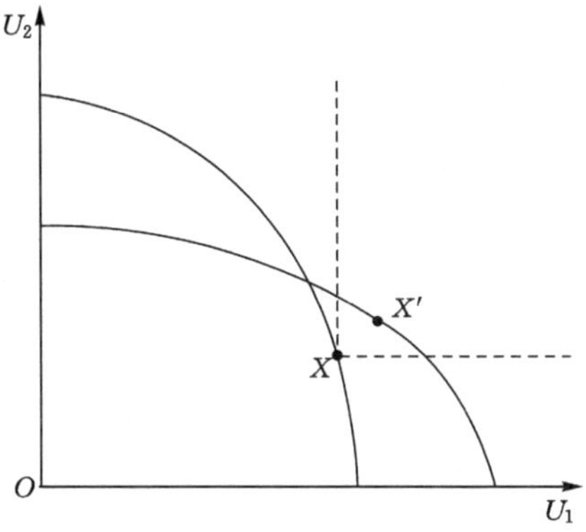

图 4-1 卡尔多补偿标准示意图(1)

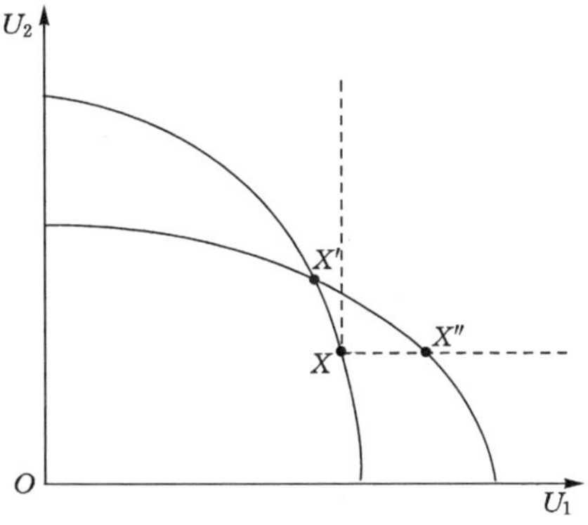

图 4-2 卡尔多补偿标准示意图(2)

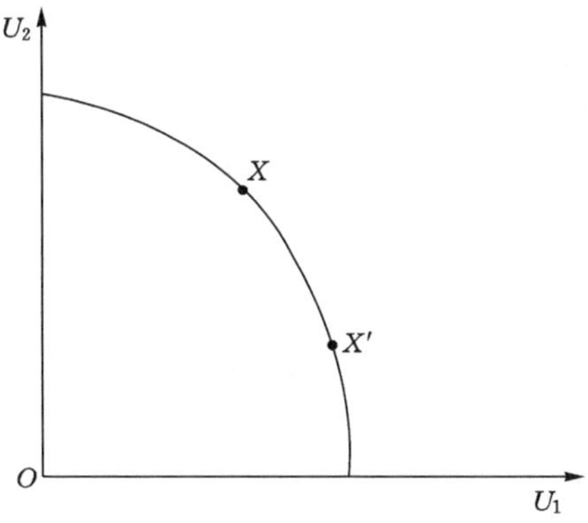

图 4-3 卡尔多补偿标准示意图(3)

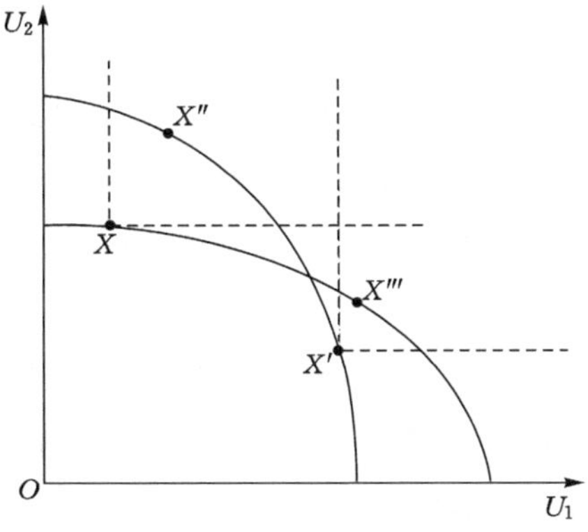

图 4-4 卡尔多补偿标准示意图(4)

图 4-1 反映了帕累托改进的情况，即社会政策变动使得所有社会成员的福利均有所改善。图 4-2 反映了社会政策变动后，U_2 上升了，而 U_1 有所下降。即社会政策变革使得部分人受益、部分人受损，但 X' 是 X 的潜在帕累托改进。即对 X 进行再分配后到 X'，而 X' 是 X 的帕累托改进。按照卡尔多补偿标准，这项政策变革是可取的。图 4-3 所反映的社会政策变革结果是效用可能性曲线没有变化而社会成员的效用组合发生了变动。这种情况运用卡尔多补偿标准对 X 和 X' 无法比较，无法判断好坏。图 4-4 反映的社会政策变革结果较为复杂。相对于 X 而言，X' 是它的潜在帕累托改进；相对于 X' 而言，X'' 又是它的潜在帕累托改进。因此，按照卡尔多补偿标准出现了改革可行、不改革也可行这样逻辑上不一致的矛盾。

二、希克斯的长期自然补偿标准

希克斯在集成卡尔多补偿标准的基础上做了补充。

希克斯首先肯定了卡尔多的补偿标准是可以成立的，他提出，一次生产的改组，如果使 A 的处境变得好一些，但却使 B 的处境变得差一些，那么我们能不能说这意味着效率的增加呢？持人际效用不可比较观点的学者认为，对这个问题不可能客观地做出回答。因为一个人的满足是不能加到另一个人的满足上的。希克斯认为可以通过一种简单的办法来克服这种失望的想法，这就是通过一种完全客观的试验，使我们能够分辨出哪些生产的改组是增加生产效率的，而哪些生产的改组是不能增加生产效率的。如果说 A 的境况由于这种变革而变得好些，以至于他的境况能在补偿 B 的损失之后还有剩余，那么这种改组就是效率的明确的增加。希克斯进一步认为，卡尔多补偿标准比起帕累托标准来说，更为适用，他认为作为确立健全的经济政策的准则的基础，这个标准要比任何其他标准有用得多。

但是，希克斯认为卡尔多补偿标准还不够完善。因为卡尔多的补偿是一种“假想”的补偿，如果受益者不对受损者做出补偿，那么补偿就无从实现。希克斯却认为，这种补偿并不需要受益者支付，补偿可以自然而然地进行。因为，每一次的经济变动只会引起实际收入分配微小的变化。这些微小的损失并不需要及时补偿。从长期来观察，只要一种经济变动提高了生产效率，尽管它不会使社会全体成员的境况变好，但是经过一个相当长的时间以后，几乎所有的人的境况都会变好，承受损失的人就会“自然而然地”得到补偿。

由于希克斯和卡尔多提出的观点大体上相同，所以在福利经济学文献中，一般把这两个标准合并称作“卡尔多-希克斯标准或“卡尔多-希克斯理论”。

希克斯的长期自然补偿标准（简称希克斯补偿标准）是不是十分完善的补偿检验标准呢？下面通过图 4-5 加以分析。在图 4-5 中，从 X 到 X'' 的变革，符合希克斯补偿标准，因为不可能对 X 进行收入重组，以达到帕累托改进。比如在图 4-5 中，X 点移动到 X'' 点，X'' 点不可能达到 X' 点的右上方；反之，从图 4-5 也可看出，从 X'' 点到 X 点的变革，也符合希克斯补偿标准，因为无论如何移动 X''' 点，也达不到 X 点的右上方。这样，也出现了与卡尔多补偿标准相同的逻辑不一致性矛盾。

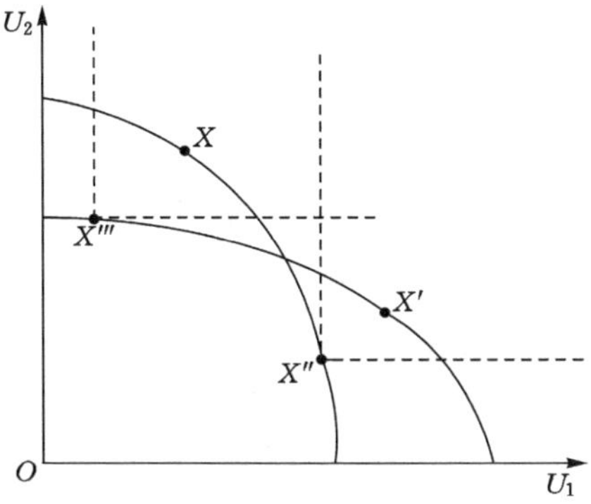

图 4-5　希克斯补偿标准示意图

三、西托夫斯基的双重检验标准

西托夫斯基（T. Scitousky）认为，经济变动可能引起收入分配作相应的变动，而卡尔多-希克斯标准没有考虑到这一点，因此，按照这一标准进行检验，有可能出现前后矛盾的情况：按照原来收入分配的标准，通过假想补偿的检验，经济变动以后似乎符合理想，但是按照经济变动以后的收入分配的标准，通过假想补偿的检验，原来的状态又可能成为理想的了。西托夫斯基于 1941 年 11 月在《经济研究评论》一文，提出了应当对经济变动进行“顺检验”和“逆检验”的双重检验标准，简称西托夫斯基补偿标准。

西托夫斯基提出这样一个模型：假设一个社会只有甲、乙两个社会成员，只有 x、y 两种产品，由甲、乙二人来分享这两种产品；甲、乙二人都认为，1 个 x 与 1 个 y 的组合要好。以 A 代表经济变动以前的情况，B 代表经济变动以后的情况，每一种情况下的产品组合和甲、乙二人分享产品的情况如表 4-1 所示。

表 4-1　产品分配情况表

	经济状况 A		经济状况 B	
	x	y	x	y
甲	1	0	2	0
乙	0	2	0	1

表 4-1 表示，经济变动前（A）这个社会的总产品是 1 个 x 和 2 个 y，其中甲分得 1 个 x，乙分得 2 个 y；经济变动后（B）的总产品是 2 个 x 和 1 个 y，其中甲分得 2 个 x，乙分得 1 个 y。

当经济状况由 A 变为 B 以后，如果甲拿出 1 个 x 补偿乙，乙就拥有 1 个 x 和 1 个

y,而甲只剩 1 个 x。拿 B 与 A 相比,甲的境况没有变坏。因为在经济状况 A 时甲也只有 1 个 x,而乙的境况变好了,因为他增加了 1 个 x。按照卡尔多-希克斯标准,经济状况由 A 变动到 B 增进了社会经济福利。

但是,当经济状况由 A 变动到 B 以后,反过来检验的情况,又将如何呢?在 A 的情况下,如果由乙拿出 1 个 y 补偿甲,甲获得 1 个 x 和 1 个 y,乙则只剩 1 个 y。这时,拿 A 与 B 相比,乙的境况没有变坏,因为在经济状况 B 时他也只有 1 个 y,而甲的境况变好了,因为他增加了 1 个 y。这个逆检验的结果表明,如果在经济状况 A 时就进行补偿(即进行收入再分配),A 状况下的经济福利大于 B 状况下的经济福利。因此,在这个模型里,根据卡尔多-希克斯标准进行的顺检验和逆检验,其结论是相互矛盾的。

据此,西托夫斯基认为,对社会福利进行检验的标准必须是双重的。当由经济状况 A 变动到经济状况 B,如果进行顺检验和逆检验,其结果都是 B 优于 A,或者顺检验的结果是 B 优于 A,而逆检验的结果是 A 不优于 B,则这种经济变动就没有增进经济福利。如果顺检验的结果与逆检验的结果相互矛盾的,则就不能得出一个关于经济福利的命题。他从两个方面对此加以论述:首先,需要判断在新的情况下是否有可能重新分配收入,以至每一个人都比他原来的情况更好。其次,还需考虑从原来的情况来研究,仅仅采用收入再分配的办法,是否不可能达到一种对于每一个人来说又比新情况为好的情况。如果有可能出现第一个检验结果而不可能出现第二个检验结果,那么就可以得出新情况优于旧情况的结论。如果不可能出现第一个检验结果而有可能出现第二个检验结果,那么新情况就是较差的。如果两个检验结果都有可能出现或都不可能出现,就不能得出一个关于福利的命题。

西托夫斯基的双重检验标准的含义是:卡尔多-希克斯标准只适合于顺检验,但是仅仅进行顺检验并不能得出经济福利是否增进的确切结论:只有在进行顺检验的同时再进行逆检验,才能根据双重检验的结果去判别经济福利是否增进了。

那么,西托夫斯基的双重检验标准是不是一致性标准呢?下面用图示法进行分析。根据图 4-4、图 4-5 可知,符合西托夫斯基补偿标准的政策变革的两条效用可能性曲线不会相交。也就是说,变革之后的效用可能性曲线整个地置于变革之前的效用可能性曲线的上方。结果如图 4-6 所示。

从图 4-6 中可以看出,从 X_1 到 X_2 是符合西托夫斯基补偿标准的;从 X_2 到 X_3 是符合帕累托改进原则的;X_3 到 X_4 也是符合西托夫斯基补偿标准的。也就是说 $X_1 \rightarrow X_2 \rightarrow X_3 \rightarrow X_4$,这个过程下来,应该是社会福利逐步改善的过程,结果应该是 X_4 优于 X_1。但由图 4-6 可见,X_1 又是 X_4 的帕累托改进,形成了一个矛盾的结果。可见,两次连续使用西托夫斯基补偿检验标准,则标准就失效了。因此,西托夫斯基补偿标准不具有动态一致性,其应用范围就有很大的局限性。

四、李特尔的三重检验标准

李特尔在接受卡尔多-希克斯标准和西托夫斯基补偿标准的基础上,试图通过引

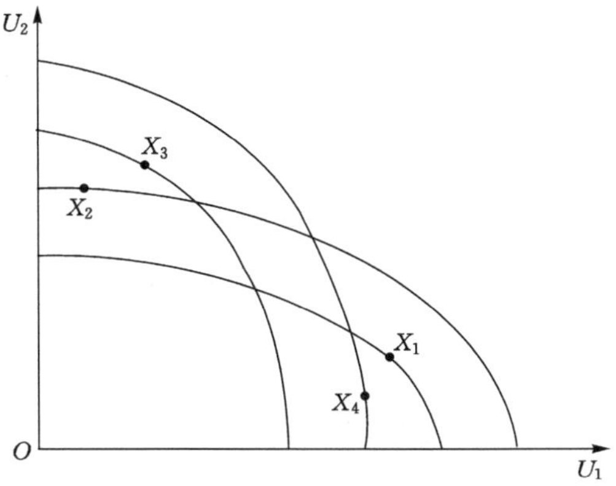

图 4-6 西托夫斯基补偿示意图

入收入分配来补充和修正前述标准，也就是在卡尔多-希克斯标准和西托夫斯基补偿标准的基础上，再加上一个收入分配标准，从而成为三重检验标准，简称李特尔补偿标准。

李特尔认为，福利经济学事实上无法回避关于收入分配的价值判断，卡尔多-希克斯标准实际上也无法排除价值判断。因为根据卡尔多-希克斯标准，如果一项政策的变动增加了经济效率，则这项政策就是可取的，这本身就包含了价值判断。在李特尔看来，只有在卡尔多和希克斯的假想补偿检验之上再加上实际补偿，即加上收入再分配，才能使增加福利的标准成为充足的标准。于是，李特尔提出了如下的三重检验标准：

第一，卡尔多-希克斯标准满足了吗？

第二，西托夫斯基补偿标准满足了吗？

第三，任何再分配都是适当的或都是糟糕的吗？

这三重检验标准的含义是：

第一，受益者能够补偿受损者而有剩余吗？（卡尔多-希克斯标准）

第二，受损者能够贿赂受益者来阻止这一经济变动或政策变动吗？（西托夫斯基的逆向检验标准）

第三，收入再分配好吗？

李特尔认为，如果对第三条标准的回答是肯定的，并且对第二条标准的回答至少有一个也是肯定的，则这种政策变动或经济变动就是可取的；如果对第三条标准的回答是否定的，并且对第二条标准的回答至少有一个也是否定的，则这种变动就是不可取的；在其他情形下，这种变动是否可取则无法判别。如果用数学的语言来说，李特尔的三重检验标准意味着卡尔多-希克斯标准和西托夫斯基补偿标准是判别福利是否增加的必要条件，而收入分配标准则是判别福利是否增加的充分条件。

李特尔把三重检验标准所有可能的答案进行组合，列成一张表，如表 4-2 所示。

表 4-2　李特尔三重检验标准组合表

组数		1	2	3	4	5	6	7	8
标准	卡尔多-希克斯标准满足了吗?	是	是	是	是	否	否	否	否
	西托夫斯基标准满足了吗?	是	是	否	否	否	否	是	是
	任何再分配都是适当的吗?	是	否	是	否	否	是	否	是

李特尔依据上表分析道,在第 4 组中,卡尔多-希克斯标准得到满足,然而变革将会减少福利。在第 7 组中,西托夫斯基补偿标准也是同样的情形。将两个标准合并使用,它们指出在第 2 组中有变革,这种变革将会造成福利的减少。于是,李特尔总结说:“不论卡尔多-希克斯标准或西托夫斯基补偿标准,单独地或共同地,都不能认为是福利标准。随便哪一种标准,连同认为所涉及的再分配是适当的那种判断,都可以认为是经济福利增加的充分(但非必要的)标准。因此我们可以说,一种经济变革是可取的(并能增进福利),如果它改进了财富的分配,又如果潜在的受害人不能有力地使潜在的受益人去反对它的话。——总是假定没有更好的变革因此受到损害。”下面通过图 4-7 来分析李特尔三重检验的标准的合理性。

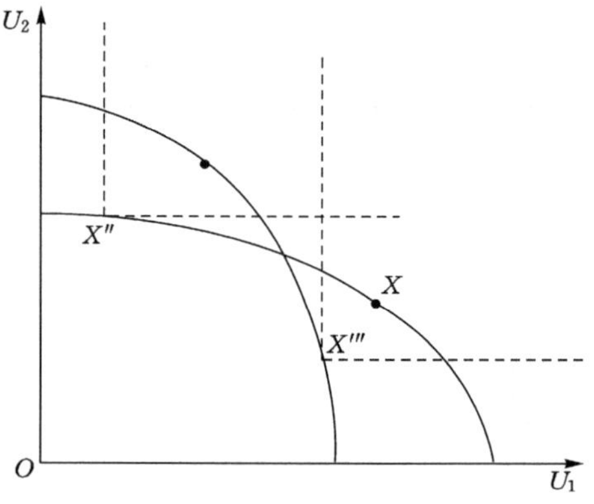

图 4-7　李特尔补偿标准示意图

在图 4-7 中,考虑由点 X 到点 X' 变革。如果点 X 到 X' 的变革意味着一个收入分配上的改进,则可以构造一个 X'' 点,该点帕累托状态劣于 X',而 X'' 相对于 X 分配状况有所改善。由于点 X'' 与点 X' 的分配状况一致,因此,从点 X 到点 X' 的变革符合李特尔补偿标准。那么反向变革是否也符合李特尔补偿标准呢? 答案是否定的,因为从 X 到 X' 的变革有收入分配上的改进,那么从 X' 到 X 的变革就不可能还存在收入分配上的改善。也就是说,不存在点 X''',使得该点 X'' 比 X 分配状况更好。按照假设,如果从点 X 到点 X' 的变革符合李特尔补偿标准,则从社会福利水平来判断,就有如下结果:

$$SWL(X') > SWL(X'') > SWL(X) > SWL(X''')$$

因此,反向变革不可能符合李特尔补偿标准。这样,李特尔补偿标准就解决了前述几项补偿标准所存在的逻辑不一致和动态不一致的矛盾。李特尔补偿标准实际上是将帕累托改进标准和分配标准结合起来运用的一个综合标准。前述几项补偿标准正是由于没有考虑到分配标准而产生各种矛盾。帕累托标准以及其他三项虚拟补偿标准均是效率标准，而收入分配标准属于公平标准。因此，李特尔补偿标准实际上是效率和公平兼顾的标准，而不是只考虑效率或仅考虑公平的标准。

李特尔标准是否完美无缺呢？对这个问题的回答可以说是仁者见仁、智者见智。李特尔标准虽然克服了虚拟补偿标准的逻辑矛盾，但也引进了很难统一的价值判断问题，因而有人对这个标准的实用性提出了质疑。当然，我们要明确的是，没有放之四海而皆准的标准，任何补偿标准都具有相对性。

五、黄有光的分组补偿检验

黄有光，华裔经济学家，1990 年提出了一种分组补偿检验。该检验把人群进行分组，只要补偿检验能在组内以及组间通过即可。通常按照收入的多少来划分组，比如贫困组、中下组、富裕组等，组的划分标准根据情况而定，也可以按照收入以外的其他标准来划定。

如果同一组内的人，其福利都下降了，那么这种分组补偿检验就等价于原来的卡尔多-希克斯-斯托夫斯基检验；如果一个组被定义为只有一个人组成，那么这种分组补偿检验就会成为帕累托标准。

需要指出的是，分组补偿检验仍然只是判断社会状态改进的充分条件而不是必要条件。不过，它已经将收入分配问题考虑进了卡尔多-希克斯-斯托夫斯基检验之中。

【本章小结】

福利经济学中的补偿分为实际补偿和虚拟补偿。实际补偿即为帕累托原理，虚拟补偿有卡尔多补偿、希克斯补偿、西托夫斯基补偿、李特尔补偿。

卡尔多补偿标准：某种经济政策的变动，可能使一些人得益，另一些人受损，但是如果由这种变动获得的利益大于损失，可以采取一些措施来补偿受损者，如果进行补偿以后还有余额，则这种政策变动就是可取的，因为它增加了社会福利。

希克斯补偿标准：一次生产的改组，如果说 A 的境况由于这种变革而变得好些，B 的境况有所损失，但 A 的境况能在补偿 B 的损失之后还有剩余，那么这种改组就是效率的明确的增加。

西托夫斯基补偿标准：卡尔多-希克斯标准只适合于顺检验，但是仅仅进行顺检验并不能得出经济福利是否增进的确切结论：只有在进行顺检验的同时再进行逆检验，才能根据双重检验的结果去判别经济福利是否增进

李特尔补偿标准：结合以下三方面判断：是否满足卡尔多-希克斯标准；是否满足西托夫斯基补偿标准；任何再分配都是适当的或都是糟糕的吗？如果第一、二条标准中满

足一条标准，同时第三条标准也能满足，则该项社会改革是可取的；如果均不能满足，则该改革不可取。

黄有光提出了分组补偿检验标准，但仍然只是判断社会状态改进的充分条件而非必要条件。

【思考题】

1. 什么是补偿原理？补偿原理的意义是什么？
2. 卡尔多补偿标准与帕累托改进标准的区别是什么？
3. 希克斯补偿标准的内容是什么？
4. 西托夫斯基是如何修正卡尔多和希克斯的补偿标准的？
5. 何谓李特尔补偿标准？李特尔补偿标准是完善的标准吗？

【拓展阅读】

浙江省发展改革委调整工商业峰谷分时电价政策

一、实施范围

大工业电价用户需全年执行峰谷分时电价(不包括国家有专门规定的电气化铁路牵引用电等)。一般工商业电价用户可选择执行峰谷分时电价，选定后 12 个月内保持不变。

二、峰谷时段及电价浮动比例

(1) 统一大工业电价用户和一般工商业电价用户峰谷时段。具体时段划分见表 4-3。

表 4-3　峰谷时段划分

季节	时段	具体时间
春秋季(2—6 月，9—11 月)	高峰	8:00—11:00、13:00—17:00
	平段	17:00—24:00
	低谷	0:00—8:00、11:00—13:00
夏冬季(1 月、7 月、8 月、12 月)	尖峰	9:00—11:00、15:00—17:00
	高峰	8:00—9:00、17:00—23:00
	平段	13:00—15:00、23:00—24:00
	低谷	0:00—8:00、11:00—13:00

(2) 试行重大节假日深谷电价。春节、劳动节、国庆节 10:00—14:00 设置为深谷时段，三个节假日具体时间以国家公布为准。

(3) 调整峰谷电价浮动比例，具体见表 4-4。浮动比例以平段电价为基础，平段电价包含上网电价、上网环节线损费用、系统运行费用、输配电价[不含容(需)电价]、政府性基金及附加。

表 4-4　峰谷电价浮动比例

用电类别	季节	电价浮动比例(以平段电价为基础上下浮动)			
		尖峰上浮	高峰上浮	低谷下浮	深谷下浮
大工业电价	春秋季	—	65%	55%	80%
	夏冬季	98%	65%	62%	80%
一般工商业电价	春秋季	—	50%	55%	80%
	夏冬季	65%	50%	62%	80%

三、执行时间

大工业电价用户于 2024 年 3 月 1 日起执行;选择执行峰谷分时的一般工商业电价用户分阶段执行,其中 1～10(20)千伏及以上的一般工商业电价用户于 2024 年 6 月 1 日起执行,不满 1 千伏的一般工商业电价用户于 2024 年 9 月 1 日起执行。浙江电力现货市场运行期间,工商业峰谷分时电价另有规定的,从其规定。

(参见《省发展改革委关于调整工商业峰谷分时电价政策有关事项的通知》,浙江省改革和发展委员会网站,2024 年 1 月 29 日。有改动)

【思案互动】 探讨该政策如何平衡能源的绿色低碳发展和企业的经济负担?及在促进环境保护和维持企业竞争力之间的作用。

第五章　新福利经济学的困境

【学习要求】

本章主要内容包括福利主义、一般社会福利函数、阿罗不可能性定理、福利主义与序数主义不相容。通过学习，了解效用可能性曲线以及福利最大化条件，理解阿罗不可能性定理的推导，认识福利主义与序数主义不相容的原因。

【学习重点和难点】

重点：效用可能性曲线、社会福利函数、阿罗不可能性定理。

难点：社会福利函数、阿罗不可能性定理。

第一节　福利主义

一、福利主义

所谓福利主义（welfarism），简单地讲就是，社会福利的高低（社会排序）仅仅取决于社会成员的效用水平（个人排序）。如果在一种经济状态 x 下，社会成员的效用水平比较高，那么其相应的社会福利就高；或者，如果社会成员在状态 x 下的效用高于在状态 y 下的效用，那么状态 x 的社会福利就高于状态 y 的社会福利。因此，根据福利主义，可以判断不同经济状态下社会福利的高低，可以对不同的经济状态进行排序。

二、福利主义观点下的收入与福利关系

1. 收入、财富与福利存在偏离

首先，收入和财富不是个人的最终目的，它们只是手段，福利主义观点认为，收入和财富的价值在于个人用它们能够进一步获得些什么，最终获得了多少福利。而收入和财富的这种福利价值取决于：

① 个人所希望获得的产品和劳务的可获得性；

② 获得这些产品和劳务的代价即价格。

因此，如果这两方面是不同的，那么，尽管收入和财富相同，个人所获得的福利也是

不同的。即同等的收入和财富并不意味着个人获得了同等的福利。

2. 收入、财富与福利偏离的表现

首先，对于个人而言，每个人都应该清楚，收入和财富只有转化为自己所希望消费的产品和劳务之后，才算发挥了它们真正的用途。所以，人们的行为和工作的根本目标应该是增加自己的福利。如果收入和财富的增加过程直接损害到了个人的福利，那么个人就应该在更多的收入和财富与更高的福利之间进行权衡。

其次，不能只考虑私人物品的分配，有一些物品是在竞争性市场上得不到的，因而是与个人的收入和财富无关的，这些就是公共物品。因此，市场给人一种错觉，私人物品被孤立地进行买卖，好像私人物品的价格反映的仅仅是它自身的需求和供给。这是西方经济学中局部均衡分析所带给我们的结论。实际上，即使是私人物品，其价格也不可能是“私人的”，而是受到包括公共物品在内的其他物品以及各种政府行为影响的。这才是西方经济学中更为全面的一般均衡分析所得出的结论。例如，一辆小汽车真正的价值，除了包括它的购买价格、使用费用等，还取决于道路质量、交通状况、交通规则、停车设施、开车可以去的地方如何，等等。如果一个人很便宜地买了一辆车，但是却常常遭遇堵车、为寻找停车位而发愁的情况，那么，这辆车的实际价格就非常高了。因此应看到，公共物品往往决定了私人物品对于个人的价值。

最后，对于不同的个人而言，收入和财富的相对重要性是不同的，人们对于收入和财富的看法是不同的。有的人可能更看重闲暇时间的多少、生活的安全感、健康和舒适，等等。因此，一个人真正的福利是多少，不能够仅仅看他的收入和财富是多少。

3. 收入、财富与福利偏离的深层原因分析

产品和劳务的可获得性以及价格是由竞争性市场，即市场需求和供给所决定的。而市场力量所决定的这种收入和财富的分配，对于个人所获得的福利来说是任意的，可能出现任意的福利分配状况。因此，中国经济增长的最终目标不应该是收入或者财富的简单增长，而应该是所有公民可获得的产品和劳务的选择范围、选择权利、选择能力的增长，以及所有可获得的产品和劳务的价格的下降或者获得得更加容易。

第二节 效用可能性曲线与福利最大化

伯格森(A. Bergson)、萨缪尔森等人根据序数效用论提出了“一般的社会福利函数”，试图进一步改进帕累托标准。

一、效用可能性曲线

1. 收入分配与帕累托最优

完全竞争经济在一定的假定条件下可以达到帕累托最优状态，即满足帕累托最优的三个条件。但是，帕累托最优的三个条件并不是对资源最优配置的完整描述，因为它

没有考虑收入分配问题。实际上，存在无穷多个同时满足所有三个帕累托最优条件的经济状态，其中甚至包括收入分配的极端不平等情况。

在图 3-10 中，e 点是生产和交换的帕累托最优点，同时满足所有三个帕累托最优条件。现在对 e 点进一步加以考察。e 点是两条无差异曲线的切点，而这两条相切的无差异曲线分别代表着两个消费者 A 和 B 的效用水平。如果我们用 U_A^e 和 U_B^e 来分别表示消费者 A 和 B 在 e 点的效用水平，则 e 点实际上对应着一个效用水平的组合 (U_A^e, U_B^e)。由于 e 点满足所有三个帕累托最优条件，故它所对应的一个效用水平组合 (U_A^e, U_B^e)。可以看成"最优"效用水平组合。

仿照上述方法，如果我们在生产可能性曲线 PP' 上另选一点如 B'，则可以从交换的契约曲线上得到一点 e' 满足帕累托最优的三个条件。再由 e' 得到一个最优效用水平组合 $(U_A^{e'}, U_B^{e'})$。这样一来，我们就在生产可能性曲线和最优效用水平组合之间建立了一种对应关系：给定生产可能性曲线上一点，可以得到一个最优效用水平组合。显而易见，由于生产可能性曲线上的点有无穷多个，同时满足三个帕累托最优条件的最优效用组合也有无穷多个。那么，这所有的最优效用水平组合之间具有什么样的关系呢？

容易看出，在满足全部帕累托最优条件的情况下，消费者 A 的效用水平与消费者 B 的效用水平的变化方向一定是正好相反的。要提高某个消费者的效用水平，就必须降低另一个消费者的效用水平。如果不是这样，则总可以通过某种重新安排，使某个消费者的状况变好而不使其他消费者的状况变坏。换句话说，还存在帕累托改进的余地。这表明并非所有帕累托最优条件均被满足。

由于在最优效用水平组合中，两个消费者的效用水平反方向变化，故它们之间的关系可以用图 5-1 中向右下方倾斜的一条曲线 UU' 来表示。图中横轴 U_A 代表消费者 A 的效用水平，纵轴 U_B 代表消费者 B 的效用水平。UU' 被叫作效用可能性曲，它代表消费者所有最优效用水平组合的集合，说明了当一个消费者的效用水平给定之后，另一个消费者所可能达到的最大效用水平。例如，在图 5-1 中，给定消费者 A 的效用水平为 U_A^e，消费者 B 的效用水平为 U_B^e，它们的组合由 e 点表示。可见，效用可能性曲线是把产品空间转换成效用空间而得到的，正如生产可能性曲线是从投入空间转为产品空间而得到的一样。

值得注意的是，除了效用可能性曲线向右下方倾斜这一性质之外，无法知道更多的其他性质，例如它的位置及凹凸性，等等。特别是，由于效用水平的高低本来就是一个序数概念，而不能用基数来测量，故用来表示效用水平的数值是"随意"的——只要我们用大的数字代表较大的效用即可。这意味着在图 5-1 中，效用可能性曲线 UU' 的位置和凹凸性都是"随意"的

2. 效用可能性区域

与生产可能性曲线的情况相仿，效用可能性曲线 UU' 亦将整个效用空间划分为三个互不相交的组成部分。在 UU' 右上方的区域是在既定资源和技术条件下所无法达到

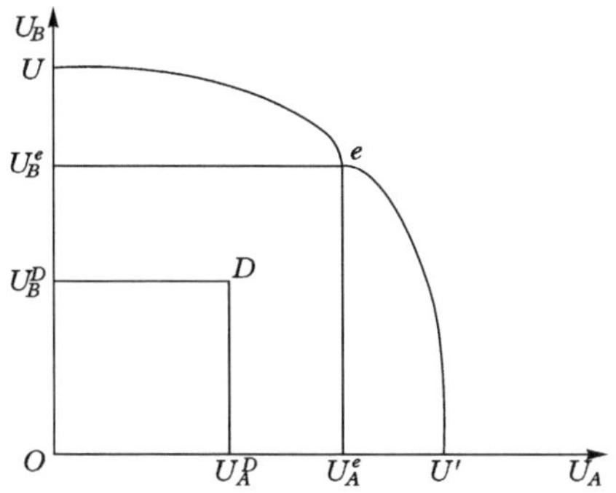

图 5-1　效用可能性曲线

的，故可以看作“效用不可能”区域；而在 UU' 左下方的区域，则是“无效率”区域：在既定的资源和技术条件下，经济没有达到它可能达到的最优效用水平组合。例如，在该区域的 D 点，代表着效用水平组合 (U_A^D,U_B^D)。它显然缺乏效率，如果能够重新配置资源，就能够使经济从 D 点移到效用可能性曲线的 e 点上，从而使两个消费者的效用水平均得到提高。“无效率”点的存在或者是由于交换的无效率，或者是由于生产的无效率，或者是由于生产和交换的无效率，即是由于三个帕累托最优条件中有一个或两个或三个未得到满足。

如果将所有的无效率点也看作可能的经济状态，则所有可能的效用水平组合的集合就是封闭（包括边界）的区域 $OU'U$。由此可以给效用可能性曲线另外一个解释，即它是效用可能性区域的“边界”，故亦称为效用可能性边。

福利经济学的目的是要在效用可能性区域当中寻找一点或一些点，使社会福利达到最大；帕累托最优条件仅仅告诉我们，社会福利必须在该效用可能性区域的边界，即在效用可能性曲线上达到，但并没有告诉我们究竟在效用可能性曲线上的哪一点或哪些点上达到。

二、社会福利最大化分析

1. 伯格森-萨缪尔森的社会福利函数

为了解决上述问题，需要知道在效用可能性曲线上每一点所代表的社会福利的相对大小，或者更一般地说，需要知道效用可能性区域或整个效用空间中每一点所代表的社会福利的相对大小：这就是伯格森-萨缪尔森的社会福利函数。伯格森等人把社会福利函数看作一个社会所有个人的效用水平的函数；福利函数的数值，取决于所有影响福利的变量，它包括：每一个居民（消费者）所消费的每一种物品的数量，所从事的每一种劳动的数量，每一种资本投入的数量，等等。

假定第 i 个消费者的个人效用函数为：

$$U_i=U_i(X)\quad i=1,2,3,\cdots,n$$

其中 X 是影响个人效用水平的变量。那么，社会福利函数就可以用一个多元函数来表示：

$$W=W[U_1(X),U_2(X),\cdots,U_n(X)] \tag{5-1}$$

如果假定一个社会只有 A、B 两个消费者(同时也是生产者，只有两种产品 X 和 Y，只有两种生产要素 L 和 K，那么社会福利函数就可以简化为：

$$W=W(U_A,U_B) \tag{5-2}$$

U_A、U_B分别为 A、B 的效用水平，其中

$$U_A=U_A(X_A,Y_A,L)$$
$$U_B=U_B(X_B,Y_B,K)$$

其中，X_A和 X_B分别表示消费者 A 和消费者 B 所消费的产品 X 的数量，Y_A和 Y_B分别表示消费者 A 和消费者 B 所消费的产品 Y 的数量，L 和 K 分别是消费者 A 和消费者 B 所提供的生产要素的数量(由此获得要素报酬)。

给定式(5-2)，由一个效用水平组合(U_A,U_B)可以求得一个社会的福利水平。如果固定社会福利水平为某个值，例如令 $W=W_1$，则社会福利函数成为：

$$W_1=W(U_A,U_B) \tag{5-3}$$

上式表明当社会福利水平为 W_1时，两个消费者之间的效用水平 U_A和 U_B的关系。该关系的几何表示就是图 5-2 中曲线 W_1，被称为社会无差异曲线，在该曲线上，不同的点代表着不同的效用组合，但所表示的社会福利却是一样的。故从社会角度来看，这些点均是“无差异的”。同样地，如果令社会福利水平为 W_2和 W_3，亦可以得到相应的社会无差异曲线 W_2和 W_3。通常假定这些社会无差异曲线与单个消费者的无差异曲线一样，亦是向右下方倾斜且凸向原点，并且较高位的社会无差异曲线代表较高的社会福利水平。

2. 最大社会福利的确定

有了社会福利函数即社会无差异曲线，则结合效用可能性曲线 UU' 即可决定最大的社会福利，参见图 5-2。最大社会福利显然在效用可能性曲线 UU' 和社会无差异曲线 W_2的切点 e 上达到。这点被叫作“限制条件下的最大满足点”。这是能导致最大社会福利的生产和交换的唯一点。之所以叫作限制条件下的最大满足点，是因为它不容许为任何可能值，即不能任意选择，而要受到既定的生产资源、生产技术条件等的限制。UU'曲线和社会无差异曲线 W_1交于 S 点和 S'点。这些点所代表的社会福利水平都低于 W_2，因而不是最大社会福利；W_3是比 W_2更高的社会无差异曲线，因而代表更大的社会福利，但这种更大的社会福利超出了效用可能性曲线，也就是超出了现有条件下所能够达到的最大水平。

如果确实存在上述所谓的社会福利函数，则可以在无穷多的帕累托最优状态中进一步确定那些使社会福利最大化的状态。果真做到了这一点，则资源配置问题便可以看作彻底解决了。

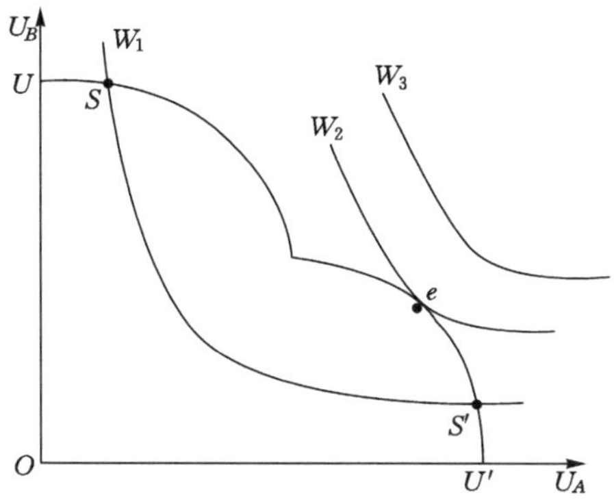

图 5-2　最大社会福利

由此可见，要完全解决资源配置问题，关键在于社会福利函数是否存在。换句话说，能不能从不同个人的偏好当中合理地形成所谓的社会偏好呢？可惜的是，美国经济学家阿罗在相当宽松的条件下证明了这是不可能的。这就是著名的"阿罗不可能性定理"。

第三节　阿罗不可能性定理

阿罗意识到，所谓形成社会福利函数，就是在已知社会所有成员的个人偏好次序的情况下，通过一定的程序，把各种各样的个人偏好次序归结为单一的社会偏好次序。这是否总能做到呢？阿罗用较高深的数学证明，在能被一般人接受的条件下，这是不可能做到的。

一、阿罗不可能性定理实例分析

考虑这样一个社会，其中包括三个人，分别用 1,2 和 3 代表。这三个人在三种社会状态 a,b 和 c 之间进行选择。假定每一个人在各种社会状态上的偏好都是严格的，即没有人在任意两个状态之间感到无差异。每个人的偏好都具有"传递性"，即如果他偏好 a 甚于 b，偏好 b 又甚于 c，那么，他必然会偏好 a 甚于 c。在这里，我们把某个人的某个特定的偏好次序记为$(a,b,c,)_i$，$i=1,2,3$，表示第 i 个人偏好 a 甚于 b、偏好 b 又甚于 c。这意味着下述三个成对的偏好次序，即$(a,b)_i$，$(a,c)_i$，$(b,c)_i$。一个特定的社会偏好次序则表示为$[a,b,c]$，它意味着社会偏好 a 甚于 b、偏好 b 又甚于 c，即包括三个成对的社会偏好次序：$[a,b]$，$[a,c]$，$[b,c]$。现在假定单个人的偏好次序分别为$(a,b,c)_1$，$(b,c,a)_2$，$(c,a,b)_3$，并按照这些偏好对每一对可能的社会状态进行投票；社会的偏好次序则按"大多数规则"从这些单个人投票中得出。

首先对 a 和 b 两种社会状态进行投票。根据上面假定的单个人偏好次序，投票结果应为：

$$(a,b)_1,(b,a)_2,(a,b)_3$$

于是，按大多数规则，社会的偏好次序就是[a,b]。

其次考虑社会状态 b 和 c。于是有：

$$(b,c)_1,(b,c)_2,(c,b)_3$$

社会偏好次序为[b,c]。

最后是 a 和 c。单个人的偏好次序为：

$$(a,c)_1,(c,a)_2,(c,a)_3$$

社会偏好次序为[c,a]。

最终整个投票结果是：社会偏好 a 甚于 b、偏好 b 甚于 c、偏好 c 甚于 a。显而易见，这种所谓的"社会偏好次序"包含有内在的矛盾，因为它缺乏次序的基本要求，即"传递性"。如果具有"传递性"，那么，当社会偏好 a 甚于 b、偏好 b 又甚于 c 时，就应该偏好 a 甚于 c。因此，在上述给定的具有"传递性"的单个人偏好类型中，按照投票的大多数规则，不能得出合理的社会偏好次序。换句话说，此时不存在社会福利函数。

上面是就某一种特定的个人偏好类型，即相互冲突的$(a,b,c)_1$，$(b,c,a)_2$，$(c,a,b)_3$，说明投票的大多数规则不能形成社会的偏好次序。这当然不是说，在任何情况下都不能从个人偏好次序形成社会偏好次序。恰好相反，如果重新给定个人的偏好类型，或者改变大多数规则，则完全有可能形成社会的偏好次序。例如，如果用"独裁"规则代替大多数规则，则独裁者的个人偏好就成为社会的偏好；又例如，如果用完全一致的个人偏好类型代替上述相互冲突的类型，如假设个人偏好为：

$$(a,b,c)_1,(a,b,c)_2,(a,b,c)_3$$

则按照大多数规则亦可形成确定的社会偏好次序[a,b,c]。

但是，上述两种情况存在很大局限性。"独裁"规则可以从任何的个人偏好类型中形成"社会"的偏好次序。但这样形成的"社会"偏好次序并不能真正地反映社会的偏好；假定个人偏好类型完全一致也是完全不现实的。社会福利函数应当适用于所有类型的个人偏好情况，而不应仅仅适用于完全一致的情况。但是，就一般情况而言，有阿罗不可能性定理：在非独裁的情况下，不可能存在适用于所有个人偏好类型的社会福利函数。

二、社会福利函数存在的条件

阿罗认为，任何一个合理的社会福利函数起码必须满足如下要求：

① 其定义域不受限制，即它适用于所有可能的个人偏好类型；

② 非独裁，即社会偏好不以一个人或少数人的偏好来决定；

③ 帕累托原则，即如果所有个人都偏好 a 甚于 b，则社会偏好 a 甚于 b；

④ 无关变化的独立性，这一要求可简单地理解为：只要所有个人对 a 与 b 的偏好不变（不管对 a 与 c 的偏好如何变化），则社会对 a 与 b 的偏好不变。

三、阿罗不可能性定理证明

阿罗证明了满足上述四个条件且具有传递性偏好次序的社会福利函数不存在。假定有三个人 1,2,3,每个人共同面临 A、B、C 三种选择方案,A 代表政府高水平的财政预算,B 代表中等水平的财政预算,C 代表低水平的财政预算。每个人的偏好顺序以他对于三个选择方案的排列顺序表示出来。表 5-1 代表这三个人的偏好顺序。

表 5-1　个人偏好排序选择

选择成员	选择顺序		
	第一选择	第二选择	第三选择
个人 1	A	B	C
个人 2	B	C	A
个人 3	C	A	B

现在,按多数投票规则来考察一下,当试图让这些个人的偏好转化为群体投票决策时会遇上什么问题？为了要找出哪一个选择是多数结果,对 A、B、C 三种选择方案进行比较。

(1) 比较 A 与 B,个人 1 与个人 3 认为 A 比 B 好。

(2) 比较 A 与 C,个人 2 与个人 3 认为 C 比 A 好。

从理论上讲,既然如此 C 好于 A 也应好于 B,这是从可传递性的角度来看问题的,即 C 比 A 好且 A 比 B 好,C 应该比 B 好。但实际上在比较 B 与 C 时,个人 1 与个人 2 都认为 B 比 C 好。可见,这种选择就不具有稳定性,用多数原则来选择社会偏好顺序也就有它的困难,得不出一个符合多数人要求的唯一结果。如果人们草草地认为 C 是最佳方案的话,那么由多数人选出的方案就不代表多数人的利益了。

阿罗不可能性定理使福利经济学最终认识到,新福利经济学存在严重的缺陷:帕累托标准本身忽视社会成员之间存在效用冲突或者利益冲突,如果出现效用冲突,则无法做出判断,无法进行社会排序。因此,福利经济学要发展,就不能再走新福利经济学的老路,就不能再依赖帕累托标准。这样,阿罗不可能性定理成为新福利经济学的终结者,同时也成为福利经济学发展的新的起点。

第四节　福利主义与序数主义不相容

一、福利主义与序数主义

福利主义有时也被称为“个人主义”。序数主义是指个人偏好只能用序数效用来表示，只在序数方面具有意义，也就是说，个人只关心不同社会状态之间的优劣顺序，而并不关心其他的差别。序数效用是新福利经济学的基础，是帕累托标准的特点。

二、阿罗不可能性定理的缘起

在阿罗不可能性定理的假设条件中，实际上同时包含了福利主义或个人主义和序数主义。而个人主义和序数主义不兼容这一命题说明了阿罗不可能性的结论完全是由定理中的假设前提决定的，换句话说，阿罗不可能性定理的假设本身包含的个人主义和序数主义是相互冲突的，这一冲突直接导致了不可能性。“与其他的合理化条件一起我们得到了不可能性的结果，这一事实说明，如果我们要获得一个合理的社会排序，那么我们就不能仅仅依赖个人排序……换句话说，或者序数主义或者个人主义，必须被放弃。”(Ng，1983)①

下面通过一个简单的例子，说明当福利主义或者个人主义同时附加了序数主义意味着什么。

如果现在有 100 块蛋糕分给 A 和 B 两个人，A 和 B 两个人的个人排序都是偏好更多的蛋糕。

状态 x 为(100，0)，表示 A 获得所有的 100 块蛋糕而 B 一无所获；

状态 y 为(99，1)，表示 A 获得 99 块蛋糕而 B 获得 1 块蛋糕；

状态 z 为(50，50)，表示 A 获得 50 块蛋糕 B 也获得 50 块蛋糕；

状态 w 为(0，100)，表示 A 获得 0 块蛋糕而 B 获得所有的 100 块蛋糕。

如果社会认为状态 x 差于状态 y，即社会认为从 A 处拿走 1 块蛋糕给 B 会更好一些的话，那么，从 A 处拿走 2 块，3 块还是 50 块甚至 100 块都和拿走 1 块没有差别(这是序数主义的特点)，即对于社会而言，状态 x 还是差于状态 z，也差于状态 w。

因此，解决问题的关键就在于是放弃福利主义还是放弃序数主义。那么到底是放弃福利主义，还是放弃序数主义呢？

【本章小结】

福利主义可以判断不同经济状态下社会福利的高低，可以对不同的经济状态进行排序。但福利主义观点下收入与福利是存在偏离的。

效用可能性曲线(简称 UU')代表消费者所有最优效用水平组合的集合，说明当一个消费者的效用水平给定之后，另一个消费者所可能达到的最大效用水平。UU' 将整个效用空间划分为三个互不相交的组成部分，分别是“无效率”区域、效用可能性边界和“效用不可能”区域。

一般社会福利函数试图在效用可能性区域当中寻找一点或一些点，使社会福利达

① 转引自姚明霞：《福利经济学》，经济日报出版社 2005 年版，第 50 页。

到最大;如果真做到了这一点,则资源配置问题便可以看作彻底解决了。但美国经济学家阿罗在相当宽松的条件下证明了这是不可能的,即著名的“阿罗不可能性定理”。

阿罗不可能性定理假设本身包含的个人主义和序数主义是相互冲突的,这一冲突直接导致了不可能性。

【思考题】

1. 什么是福利主义?福利主义观点下收入与福利偏离的表现和原因是什么?
2. 可否通过社会福利函数求得最大社会福利?为什么?
3. 简述阿罗不可能性定理的内容及其存在的意义。
4. 试述阿罗不可能性定理在实际中的应用。
5. 试概述效用可能性曲线的特征。

【拓展阅读】

经济正义与福利主义

从哲学基础和理论前提出发,福利主义以个人和社会的福利之大小作为分析视角,对市场经济体系的运行加以评价并力求规范,从而采取有效措施以克服市场的缺陷和不足,试图达到实现社会经济福利最大化的目的。因此,福利主义建立了自己较为系统的理论体系,提出了相应的内容和政策主张。

如何评价经济正义与福利主义的关系,这是一个复杂的难题。经济正义作为对人类经济关系经济方式所展开的哲学正义追问和价值评判,其实质在于把经济的价值和目的置放到提升人类生命尊严和人的自由价值的原则高度加以审视,现实地促进经济发展和人的自由的有机统一。因此,不断提升人们的福利是经济正义的内在要义。但是,不能把福利主义和福利简单地等同起来。

从理论层面看,经济福利主义的根本缺陷在于它以所谓的社会经济福利最大原则而实施的“均等”分配,无法从根本上克服经济发展的动力机制问题,所以它虽然也强调增加经济福利总量,但难免因为不切实际而落空。而“边际效用价值论”的理论前提使得经济福利主义陷入主观主义的泥淖,没有现实可行性,从而无法为现实的经济生活提供正义的价值基础,结果可能是追求经济公平初衷不仅没有实现,反而以丧失经济效率和经济公平为代价,从而影响到经济正义的价值追求。因为经济正义的原则高度是以拓展人的“实质自由”为根本诉求的,一切经济活动的出发点和归宿都是基于人的自由和全面发展的价值目标。事实上,经济正义与福利主义关系正像公平与效率的关系一样,是一个辩证而动态的关系。

首先我们必须明确福利不等同于福利主义,从而追求福利不等于追求福利主义,这里有一个“度”的问题,不能将二者混淆。从较为抽象的意义上而言,“福利”可以被理解为能够让人类生活幸福的条件，它既包括物质的要素，也包括精神的要素。一般来说，福利可分为个人福利和社会福利。个福利是指一个人所获得的幸福和满足，这种满足既包括物质上的，也包括精神上的。而社会福利则一个社会成员的个人福利之总和。在社会福利中，能够为货币衡量的那部分社会福利，通常叫作经济福利。由于福利与人的生存和发展紧密相关，因此追求个人的福利和全社会的福利历来是人类社会发展的动力和价值追求，从而福利问题成为社会学、政治学、经济学、伦理学、哲学乃至宗教学等社会科学的关注焦点。诚如福利经济学创始人庇古所言，在很大程度上，影响人们经济福利的因素包含两方面，一是国民收入的大小，二是国民收入在社会成员中的分配状况，并认为在不减少国民收入的前提下，使穷人在国民收入分配中占有的绝对份额增加，那么会增加一个社会的经济福利。如此可见，福利问题切实地关联到社会的经济效率和分配公平问题。正因如此，一个社会的福利主张和福利政策，既要考虑到社会财富的生产，也要考虑到社会的财富分配，二者不可偏废。若只考虑社会的财富总量之增长，而忽视这些财富在社会成员之间的公平分配，那么很可能出现财富在社会一极的积聚，而贫困则在另一极的积累，使得社会处于巨大的贫富悬殊和尖锐的人际对立，从而影响到个人和社会的福利。相反，若一个社会不考虑财富的生产过程，而是要求均等地分享社会的物质财富，那么在历史地所达到的现有生产力和生产关系所统一的生产方式中，这种分配方式必然严重地损伤到社会财富生产的动力机制，从而整个社会财富总量将不断减少和萎缩，最终会损害人们的社会福利。在这个意义上，福利至上、无视社会财富的生产过程，极端追求福利均等的福利主义必将遭遇现实的困境。因此，人们追求福利是必然的，也是必需的，更是应该的，政府也必须采取切实措施保障社会的基本福利需求，从而维护社会的稳定和生活秩序的井然。但是，在多大程度上保障社会福利，这必须考虑到自身的生产方式和物质基础，需要“度”的辩证意识和现实考量。超前的福利主义幻想不仅无助于提升人们的福利，还会导致损伤人们福利的后果。

因此，社会福利和经济正义的关系乃是历史和具体的，因而是辩证的。就一般而言，追求和增加社会福利是经济正义的内在要义，社会福利的增加和丰富也有助于一个正义社会的实现。但是，社会经济福利的生产和社会物质财富的创造，需要人力、财力和物力的大量投入，它需要足够的和不竭的动力源。因此，若在一个财富和经济福利相对匮乏的社会情况下追求过度的福利主义政策主张和均等分配原则，必然损害到创造福利的动力机制，这是历史和现实证明了的事实。当然，若一个社会的福利没有得到较为公平的分配，出现多劳少获、少劳多获乃至劳而不获、不劳而获的分配机制，那么社会福利的最大化无疑是一句空话，必将引起人们的不满和动乱。同样，在现代社会，若一个社会缺少起码的社会福利保障，那么也由于对公平价值的损害而阻碍社会经济效率的提高和社会福利的增长。可见，追求过度福利均等的福利主义与忽视最低社会保障的福利政策一样，都与我们倡导的经济正义格格不入。

经济正义的展开是一个现实而历史的过程也是一个艰难的过程。这种艰难不仅来自理念的转变和理论的创新，更来自现实社会生产力水平的制约和生产方式的限制。经济正义从根本上来说，涉及如何在效率中求公平，又如何以公平促效率，从而在人类基本的经济活动中不断展露人的生命潜能，并不断提高人们的福利需求，满足人的本质需要，从而实现和丰富人的自由自觉的存在本质，成就人的自由和崇高，使人达至真、善、美相统一的生命境界。所以，阿玛蒂亚·森指出，“实质性个人自由至关重要。根据这一观点，一个社会成功与否，主要应根据该社会成员所享有的实质性自由来评价。”因此，一种福利政策或主张在何种程度上与经济正义相一致，主要的衡量标准就是看其在现实的生产方式基础上多大程度上促进了现实的人之实质自由。

［参见毛勒堂：《福利主义的哲学检审》，《云南师范大学学报》（哲学社会科学版），2013 年第 2 期，第 109～115 页。有改动］

【思案互动】 在中国特色社会主义的背景下，如何将福利主义的理念与马克思主义的价值选择相结合？在追求全体人民共同富裕的目标时，应如何借鉴福利主义的经验，同时避免其可能带来的负面影响？

第六章　福利经济学向基数效用论回归

【学习要求】

本章主要介绍以基数效用为基础的各种社会福利函数及阿罗不可能性定理的解决。

【学习重点和难点】

重点：几种社会福利函数，阿罗不可能性定理的解决。

难点：阿罗不可能性定理的实际应用。

第一节　传统效用主义社会福利函数

传统效用主义社会福利函数把社会福利看作所有社会成员的福利或效用的简单加总，任何社会成员的福利都被平等对待。

$$W=U_1+U_2+\cdots+U_i$$

其中，代表社会成员福利水平的“U_i”是可以用具体数字1,2,3等来度量的基数效用。（见图6-1）

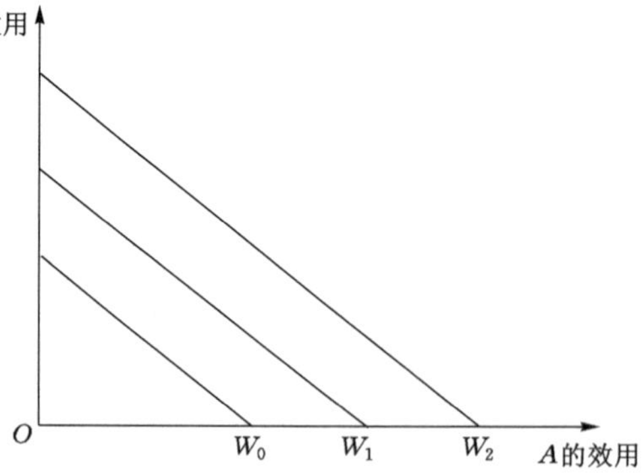

图6-1　传统效用主义的社会福利无差异曲线簇

传统效用主义社会福利函数有以下几个假设。

【假设1】 福利主义和帕累托原则。福利主义要求社会福利函数的自变量只有消费者的效用水平，帕累托原则要求社会福利函数应该是关于消费者效用水平的单调递增函数。社会福利函数可以表示为：

$$W=W[G_i(U_i)]$$

其中，U_i为消费者 i 的效用水平，$[G_i(U_i)]$为 U_i的单调递增函数，$W(\ )$为福利函数形式。

【假设 2】 可分性。如果消费者 A 和 B 都偏好状态 x 胜于状态 y，而其他所有的消费者对于状态 x 和 y 都是无差异的，那么，任何满足帕累托原则的社会福利函数都必定是偏好 x 胜于 y，并且与其他所有消费者的效用水平完全无关。Fleming(1952)对它进行了推广，认为，对任意两种状态的社会福利排序，都应当总是与对该状态无差异的所有消费者的效用无关。这样，社会福利函数可以进一步表示为：

$$W=\sum_i G_i(U_i)=G_1(U_1)+G_2(U_2)+\cdots+G_n(U_n)$$

【假设 3】 匿名性。社会福利排序只取决于消费者的效用水平而并不取决于是哪个消费者获得了这样的效用。这样，社会福利函数可以进一步表示为：

$$W=\sum_i G(U_i)=G(U_1)+G(U_2)+\cdots+G(U_n)$$

【假设 4】 连续性。在信息方面，要求至少效用增量在人与人之间是可比的。即消费的效用函数应该是 $G=(U_i)=a_i+bU_i$，其中最简单的一种便是简单的效用主义社会福利函数。

$$W=U_1+U_2+\cdots+U_n$$

传统效用主义认为，社会应该使所有社会成员的福利之和达到最大，而社会福利最大化的条件为每个人的边际效用都相等。所以，如果每个人具有相同的效用函数的话，那么，福利最大化条件就意味着收入的平均分配。但是，一般情况下，每个人的效用函数都是不同的，所以，福利最大化条件意味着收入的不平等。

不过，有一些办法可以用来克服效用主义的不平等结果。例如，将社会福利表示为所有个人效用的自然对数的和；或者，附加一个弱平等公理(weak equity ariom)，即假设大于某两个人 A 和 B 之间的每一种收入分配状况，A 的效用总是低于 B 的效用，那么，A 和 B 之间的每一种收入分配都必须是给 A 比较多的收入，而给 B 比较少的收入。

第二节　新古典效用主义社会福利函数

一、新古典效用主义社会福利函数的形式

新古典效用主义社会福利函数为：

$$W=\sum \pi_i U_i$$

其中，U_i表示社会中某个人 i 会具有的效用，π_i表示相应的概率。这一函数是维克里(W. Vickrey)和豪尔绍尼(John C. Harsanyi)等人在传统效用主义社会福利函数基础上考虑了不确定性因素后所得到的。

豪尔绍尼认为,一个人的个人偏好与他的非个人偏好或者伦理偏好是有区别的。个人偏好是有条件的;伦理偏好是无条件的,它适用于所有人。对于从状态 x 到状态 y 的某一变化,如果某消费者知道该变化会对自己很有利,那么他就会选择状态 y,这是他的个人偏好;如果消费者不知道该变化对自己将产生什么样的确切影响,那么他也许会偏好状态 x,这就是他的伦理偏好。伦理偏好并不取决于自身福利的变化。

二、新古典效用主义社会福利函数的假设条件

【假设 1】 不确定性条件下的理性条件:传递性、完备性、一致性、概率等价性(即个人只关心概率,而不关心产生概率的随机过程)以及概率独立性(即如果任意两种行为,其结果有相同的概率,那么个人对这两种行为的选择与那个相同结果无关,而只与不同结果有关)。这样,个人的偏好可以表示为可分的、相加形式:

$$U = \sum_s \pi_s V(X_s)$$

其中,X_s 为在状态 S 的结果;π_s 为与状态 S 有关的主观概率,$\sum_s \pi_s = 1$;$V(\ )$ 为次效用函数,它对效用的基数度量不是绝对量上的,而只是一种状态下的效用与另一种状态下效用的相对值。

【假设 2】 在做出伦理判断时,个人将作为其他哪一个人来进行判断是不确定的,而且每个人都会认为究竟作为哪一个人是等概率发生的。所以,如果 $\sum_h U_h(X) \geqslant \sum_h U_h(Y)$,其中,$U_h(X)$ 为个人 h 事前对状态 X 所赋的效用值,那么,个人的伦理判断会认为 X 好于 Y。

这样,个人的伦理偏好就可以用基数效用之和来表示了。

三、对于新古典效用主义社会福利函数的批评

关于新古典效用主义社会福利函数,西方学者有以下三点批评。

【批评 1】 一种情况是个人 A 和 B 有相同的概率(每人都是 1/2)赢得 10 元钱,另一种情况是 A 和 B 都知道某人 C 必定能赢得 10 元钱,A 和 B 自己处于 C 的地位的概率都为 1/2。新古典效用主义认为,上述两种情况是相同的。但是从伦理角度来说,二者是明显不同的。

【批评 2】 除了厌恶风险以外,人们对社会状态的认识还包括其他方面,而这些其他方面可能无法用厌恶风险来解释。

【批评 3】 概率 π_i 取决于处于 i 状态的人数。因此,仅仅根据人数来决定某种社会状态的重要性,这样未免太任意了。

第三节　罗尔斯社会福利函数与精英社会福利函数

一、罗尔斯社会福利函数

美国著名政治哲学家罗尔斯认为，在假设的“初始状态”（original position）下，每个人都不知道自己所处的社会位置，不知道自己的需要，不知道自己的利益所在，关于个人的信息都处在“无知的面纱”（veil of ignorance）下。在这种状态下，每个人都同意将社会产品和利益进行平均分配，除非不平均的分配是为了使福利最低者的个人福利能够增加，达到最大。因为在初始状态下，每个人都不知道自己是否是福利最低者，而每个人又都是风险厌恶型的，所以，人们会采用使福利最低者的福利最大化原则，即最大最小原则。

因此，罗尔斯社会福利函数为：

$$W=\min(U_1,U_2,\cdots,U_i)$$

即社会福利水平取决于社会中效用最低的那部分人的福利水平。该函数假定每个社会成员都有最基本的自由，他们无法预知自己处于何种效用水平上，而且，每个人都是厌恶风险的。（见图 6-2）

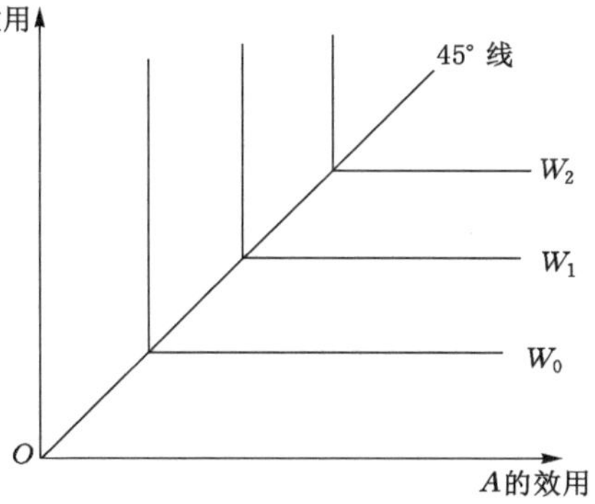

图 6-2　罗尔斯的社会福利无差异曲线簇

罗尔斯社会福利函数引起了广泛的关注。不过，一些西方学者持有反对意见。

(1) 可能有人会认为，如果自己处于最差状态的概率不为零，那么，他就不必那么保守。

(2) 如果我们考虑未来人们的情况，那么是否我们现在就不应该追求经济增长呢？不是的。有人认为，如果我们考虑每个人的效用函数都不仅受自己消费的影响，还受子孙后代的影响，同样地，子孙后代的效用函数也是如此，那么，如果子孙后代的效用增加了，现时人们的效用也是增加的。因此，罗尔斯的主张并不是反增长（not anti-growth）。

(3) 罗尔斯假设，初始状态下如果个人是风险中性的，那么，人们会同意效用主义的原则。阿罗指出，这一假设是错误的。最大最小原则只是风险厌恶为无穷条件下期望效用决策方法的一个特例。

假设个人的期望效用函数为$[U_h(X)]^{1-\rho}$，即在配置x下作为某人h的期望效用，那么，个人采取期望效用原则将会看$\sum_h[U_h(X)^{1-\rho}]$的大小。对W进行简单的线性转换可得$W'=\{\sum_h[U_h(X)^{1-\rho}]\}/(1-\rho)$，这就是期望效用假设下个人伦理偏好的一般形式。

因此，当$p\to\infty$时，W'就趋向于最大最小原则。罗尔斯的假设只是更为一般的期望效用假设的一个特殊情况。

二、精英社会福利函数

精英社会福利函数，其函数形式是：

$$W=\max(U_1,U_2,\cdots,U_i)$$

即社会福利水平取决于社会中效用最高或境况最好的那部分人的福利水平，所以，社会应该使最大效用者的福利最大化。如图 6-3 所示，它表示社会排序取决于效用较高的人（状态U时即A）。

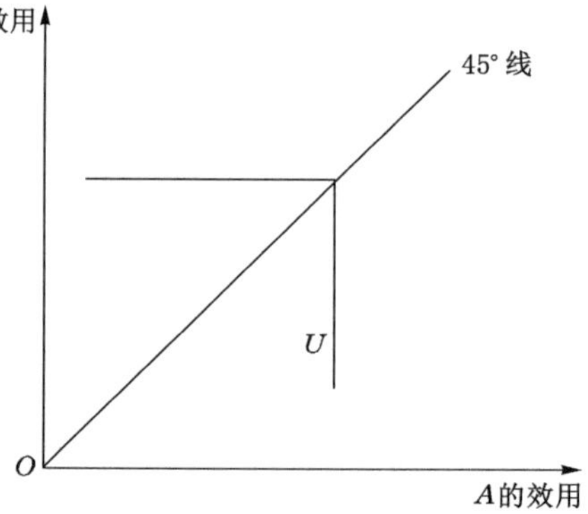

图 6-3　精英社会福利函数

第四节　阿罗不可能性定理的解决

一、公共选择的准则

公共选择的准则主要有以下五条：

(1) 选择者个人处在一种理性状态。对于任何一组给定的个人偏好来讲，社会选择规则必须产生一种社会秩序，这种社会秩序又具有完全性和传递性。这里的完全性是指：对于任何两个不同的可供选择的社会状态x和y，任何人或者认为x比y好，或

者认为 y 比 x 好，或者认为 x 和 y 一样好。这些方案是社会秩序维持的全部方案，对它们的选择必须是完全明确的。所谓可传递性是指：如果某人认为社会状态 x 比社会状态 y 好，社会状态 y 比社会状态 z 好，则他一定是认为社会状态 x 比社会状态 z 好。用数学语言表示选择者个人处在一种理性状态的情况为 $A>B$，$B>C$，则 $A>C$，否则无效。要是有人不处在这样的一种理性状态而进行选择，那就可能造成选择无结果或循环重复的情况。

(2) 与选择方案无关的因素不影响选择内容的变化。即其他因素变化不影响对已有选择顺序的变化，这种选择只受个人对于这些状态的偏好顺序的影响。如果选择只是在 x 和 y 之间做出，这时如果 x 和 z 之间的关系变化了，则该变化与 x 和 y 之间的顺序无关。如果社会在这组状态之间所做出的选择改变了，则该变化必定来自与这组选择相关的一些个人的偏好的改变。

(3) 适用帕累托最优原理。社会成员都认为 x 比 y 好，则社会选择的顺序必定表示为 x 比 y 好；若社会大多数成员认为 x 与 y 没有差异，而一部分人认为 x 比 y 好，那么，社会选择顺序必然表现为 x 比 y 好，只因为这时达到了帕累托最优状态。

(4) 所要做出选择的因素都处于选择的同一区间之内。即用数学语言表示为社会选择得以产生的定义域必须包括所有可能的个人偏好顺序，这就是说，不能通过限制个人偏好顺序的定义域来产生某一个社会顺序。

(5) 不存在个人独裁。即不存在某一个人认为 x 比 y 好，而全体社会成员的选择也必须认为 x 比 y 好，从而将其他人的偏好排除在外的那种情况。

这五条准则表明任何一种个人偏好都会导出社会或集体偏好，从而决定社会或集体选择的规则或过程所必须满足的经济伦理要求。而且，这些条件是确保制度内部的逻辑一致性的必要条件，否则选择出现混乱，无法找到一个最佳答案或结果，将使公共选择无法进行。

二、阿罗不可能性定理的解决

1. 偏好结构的调整——从双峰偏好到单峰偏好

人们的偏好本应是理性的，它产生了选择的可传递性与稳定性，排除了阿罗的不可能性。但不可否定的是，对某一具体的选择者来讲，出现偏离于理性选择的情况也是存在的，虽然这种状况的出现是非经常性的。人们进一步根据概率认为，$A_p>B_p>C_p$（p为偏好）的个人偏好顺序出现的可能性是非常小的，但还应该加以认真对待。

现在将表 5-1 的情况作于图 6-4 中。

不难发现，造成投票循环是因为存在双峰偏好。在图 6-4 中，个人选择有两个峰值点 V，B。所谓峰值，是指如果把关于公共产品量或公共支出量的议案按顺序，比如按数量大小排列，则其中必有某种议案所获得的偏好较大，这种偏好较大的议案称为峰值。一个图中有两个峰值点表明选择者的选择并不是唯一的，所以存在不可传递性，也就无

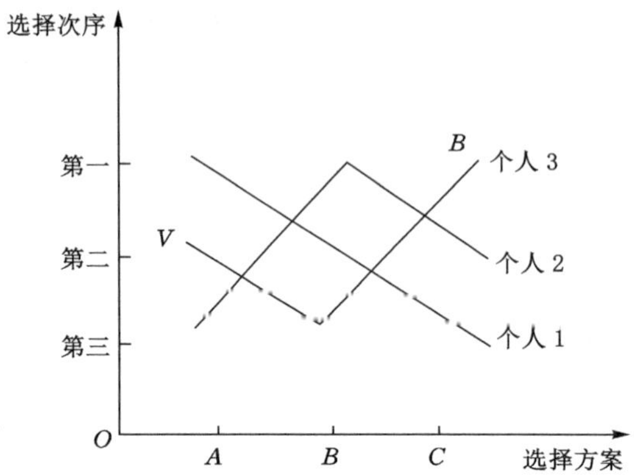

图 6-4　双峰偏好

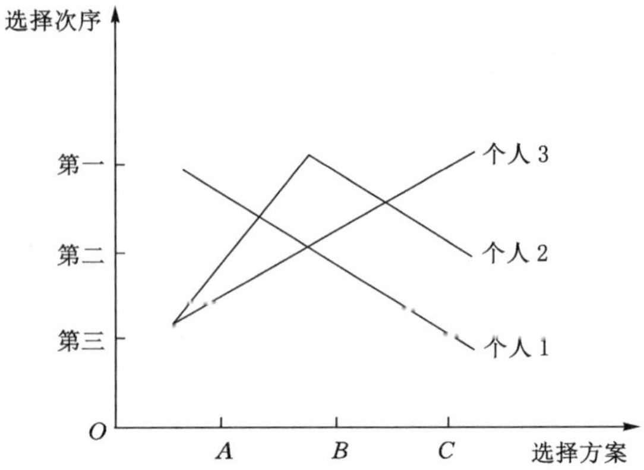

图 6-5　单峰偏好

法做出唯一的选择。在图 6-5 中，其中任何一个选择者都只有单峰偏好，说明偏好具有一贯性，也可传递，这样必然会有一个选择的结果，单峰偏好的选择顺序用表 6-1 来表示。

表 6-1　单峰偏好的选择顺序

选择成员	选择顺序		
	第一选择	第二选择	第三选择
个人 1	A	B	C
个人 2	B	C	A
个人 3	C	B	A

用表说明就能清楚显示，在个人偏好为单峰偏好的情况下，最佳选择方案就是 B。

(1) A 与 B 比，B 有个人 2、个人 3 支持，结果选 $B>A$。

(2) B 与 C 比，B 有个人 1、个人 2 支持，结果仍是 $B>C$。

通过表 5-1、表 6-1 的比较，就能发现表 5-1 中是个人 3 的选择处在一种非理性状态，造成了双峰偏好，结果出现投票循环，所以要用调整峰值的办法来解决问题，其关键是做好个人 3 的工作，调整他的选择。表 6-1 就是在个人 3 的选择做出调整后产生了唯一的解。

2. 确定议程

出现投票循环的情况下，重要的是确定议程。在确定议程的过程中，往往是投票的顺序就决定了计划方案的优势地位。如表 5-1 中提到的投票情况，假如现在有一个规则委员会来制定投票顺序的话，这个规则委员会若是由高预算支出的代表所组成，他们就会先就中等支出与低等支出两个方案进行投票，然后其中的胜者再与高支出的方案进行投票，高支出者就会是最终胜出者。

3. 策略行为和选票交易

在公共产品的消费方面，消费者很可能会不真实地表达自己的偏好问题。在公共政策的投票过程中情况也是如此。投票者实际投票行为常常背离其真实的偏好，这就是投票者的策略行为。从理论上来讲，一种投票规则对偏好强度越敏感，给策略行为提供的机会也就越大。策略行为的另一个方面是所谓选票交易，在简单多数规则下，获胜的多数将得到的利益可能少于失败的少数而付出的代价。在这种情况下，少数人便可能试图进行选票交易，以防止这样的情形发生。这时的选票交易可能有两种情况：一是一些人收买另一些人，使他们投票赞成自己所赞成的方案。二是两方面达成某种协议，在一类问题上甲方支持乙方，换取乙方在另一类问题上支持甲方。在这类交易不损害第三方的情况下，选票交易有助于增进帕累托有效性，实现帕累托最优。

策略行为和选票交易，实际上也是一种互惠合作的交易问题。例如一个县要建高速公路进城，另一个县要建水利工程，还有一个县要搞旅游业。其每一个方案单独表决可能都通不过，因为市政府的财力十分有限。但若有人提出相互帮助，先将某一个县的方案通过，然后逐个相互支持，就可能使每个方案都获得通过，并在若干时期里都有了实施的可能。

互惠合作是公共部门类似于交换或交易的行为。在很多情况下，它将导致结果的改善，提高资源使用效率。这种行为当然也可能被不良的利益集团所控制，给社会带来危害，这是我们需要警惕的。

4. 利用偏好强度不同的选择

在简单多数决策模型中，没有考虑个人表示对几个问题的偏好强度的状况。在那种情况下，只能按一人一票并将它投在自己所相对偏好的方案上。但在市场上，消费者可以表示自己的偏好强度，即他可以对自己中意的物品支付较高的价格，这较高的价格就显示了消费者的偏好强度。这种偏好强度的不同，既体现在不同的消费者之间对同一商品有不同的偏好强度，还体现在同一消费者对不同消费品的偏好呈现非规则性，这一点在不同消费者之间又有不可比性。这样我们可以模仿市场价格机制设计出打分投票制。假定有 3 个投票者，每人被给予 100 分，允许每人将分分别打在三个不同的选择方案上，对每个选择方案打多少分就显示了投票者的偏好强度，其结果可以用表 6-2 说明。

表 6-2　方案选择打分

选择成员	选择顺序		
	方案 1	方案 2	方案 3
个人 1	70	20	10
个人 2	10	50	40
个人 3	50	40	10
积分总和	130	110	60

投票结果，方案 1 得了 130 分，是三个方案中得分最多的。这一做法的好处是投票结果一般不会出现循环，因此可以保证方案选择具有传递性。当然，这种方案也不是无懈可击的，一方面两个方案得分可能是相等的，那就需要进行第二轮投票来决出胜负；另一方面对一个人来说他明知只有投票得分最高的才能当选，分数有可能集中在某一方案上，而不是分散使用，那样就再次落入循环的老路上去。打分投票，根据个人偏好强度投票，只能说是一种思路与可供选择的方法。股份制企业中一股一票，就是根据市场经济的资本偏好强度来决定的，实现的前提是股份分散程度高、不易串谋等。

【本章小结】

传统效用主义社会福利函数：$W = U_1 + U_2 + \cdots + U_i$，其中 U_i 代表社会成员福利水平。

新古典效用主义社会福利函数：$W = \sum \pi_i U_i$，其中 U_i 表示社会中某个人 i 具有的效用，π_i 表示相应的概率。

罗尔斯社会福利函数：$W = \min(U_1, U_2, \cdots, U_i)$。

精英社会福利函数：$W = \max(U_1, U_2, \cdots, U_i)$，其中 U_i 代表社会成员福利水平。

解决阿罗不可能性定理可以将公共选择的规则结合起来，从公共选择的规则出发，得出一些基本的解法。

阿罗不可能性定理的解决有多种方式，应具体问题具体分析。

【思考题】

1. 简述四种社会福利函数的定义及其表示形式。
2. 公共选择的准则是什么？
3. 阿罗不可能性定理的解决方式有哪些？举例说明。

【拓展阅读】

独裁社会优于民主社会？常见的投票机制科普与阿罗不可能性定理

一、引言

历史上，对民主制度优劣性的讨论从未停息，尤其在民主和法西斯产生激烈碰撞的二战之后。于是，也有许多经济学家和政治学家想探究一个问题的答案：民主制度是建立在投票表决上的，那是否存在一个完美的投票机制呢？

然而，在 1951 年，历史上最负盛名的数理经济学家之一，阿罗横空出世，用数学方法证明了此后饱受非议的阿罗不可能性定理。通俗地讲，这个定理表明在一个民主社会中，满足特定基本条件（帕累托效率、独立于无关选项）的投票机制必然导致独裁者（即一个能完全操纵选举结果的投票者）的出现，说明了一个完美的民主投票机制不可能存在。

这篇文章的结构是从一个经典的投票悖论引入常见投票机制的缺陷，然后定义什么是一个好的投票机制，再介绍阿罗不可能性定理和此后学术界对它的讨论。

二、投票悖论——例子

先来看一个美国大选的例子吧。

2000年，争议最大的美国大选之一，佛罗里达州。共和党的小布什以537票的微弱优势战胜民主党的戈尔拿下了这个州的选票。这里补充一句，美国的大选机制是"Winner-takes-all"，赢得一个州的选举即可以获得该州的所有选票。

大选中有一个绿党的独立候选人叫拉尔夫·纳德尔(Ralph Nader)，在一番大力宣传之后成功获得了总数2.7%的选票。然而，正是他改变了选举的结果：民调显示，在佛罗里达投给他的97 421人里，三分之二喜欢戈尔多过布什。也就是说，在佛罗里达，喜欢戈尔的人其实多过布什。而如果赢下佛罗里达之战，当选总统的就会是戈尔，后来发动阿富汗和伊拉克战争的可能也就是他了。戈尔很气，民主党更气。

当时美国大选中每个州的投票机制，叫多数票制，俗称少数服从多数。每个投票者选出自己最心仪的候选人，得票数最高的当选。然而，上面的美国大选暴露了它的两个问题：一个微不足道的候选人有可能会影响最终的结果；选出来的候选人不一定是最多人喜欢的——在佛罗里达更多人喜欢戈尔多过布什。

三、没有一个完美的投票机制——阿罗不可能性定理

阿罗和同时代的一些经济学家、政治学家认为，帕累托效率和独立于无关选项应该是一个好的投票机制该具有的基本特点。

但是，什么是一个投票机制呢？一个投票机制就像一个函数一样，它的输入是所有投票者对所有候选人的一个偏好排序(即一个偏好组合)，输出的是选举结果。对于一个投票机制的输出，大家则会想到两种选择：

① 输出一个对所有候选人的总排序，比如A—B—C—D；

② 输出一个选举胜者，比如A。

自然，第一种机制比第二种更强大，但也更复杂。我们把第一种叫作(阿罗式的)社会福利函数，第二种叫作社会选择函数。阿罗不可能性定理考虑的是一个社会福利函数。

这里也要注意一点：不管是上述哪一种机制，我们的输出中都不能有两名候选人持平——必须产生一个严格的排序，或一个唯一的胜者。因此，多数票制和波达投票制等都不符合我们"投票机制"的定义，因为有可能出现平局。想让它们也成为"投票机制"，我们需要引入一种打破平局的方式，比如按照姓名拼音首字母的先后顺序。

接下来，再让我们回顾一下帕累托效率和独立于无关选项：

帕累托效率。一个投票机制是帕累托最优的，如果：每当所有投票者都喜欢A多过B，那么这个机制产生的总排序中A也会在B前面。"每个人都赞成的事情，就是社会

应该赞成的事情。"

独立于无关选项。一个投票机制是独立于无关选项的,如果这个机制对任意两个候选人的排序只取决于每个投票者对他俩的相对排序,不取决于投票者对他俩和其他候选人的相对排序。这个性质,避免了投票者对无关候选人的偏好排序影响最终的投票结果。

(参见曾正韬:《独裁社会优于民主社会?常见的投票机制科普与阿罗不可能定理》,知乎网。有改动)

【思案互动】 请问:在当前全球化和多元化的背景下,如何结合独裁和民主的某些特点,构建一个既高效又公平的社会治理模式?

第七章　非福利主义

【学习要求】

本章主要探讨阿玛蒂亚·森的非福利主义观点，以及公平和正义理论。

【学习重点和难点】

重点：阿玛蒂亚·森的帕累托自由悖论。

难点：公平和正义的相关理论。

福利主义主张向基数效用论回归，而非福利主义主张序数主义而抛弃福利主义。非福利主义更强调其他的一些福利主义没有考虑到的情况。例如，关于收入与福利的关系，非福利主义认为，收入和财富本身不仅不能反映个人所获得的福利情况，而且也不能够反映一个人为获得它而做了一些什么工作或者付出了何种努力。这里面涉及收入和财富获得过程中的一些问题，而这些问题大都与其他个人获得的收入和财富有关。因此，非福利主义主张进一步分析个人之间的这种福利冲突。

第一节　阿玛蒂亚·森的非福利主张

一、帕累托自由悖论

阿玛蒂亚·森指出，帕累托标准与自由主义会发生冲突。

这里的帕累托标准指的是对于任意的选择 x 和 y，如果所有人 i 都认为 x 优于 y，那么对于社会而言也有 x 优于 y。

这里的自由主义指的是阿玛蒂亚·森定义的最低限度的自由主义，即"……有一些选择是纯粹个人性质的，比如，状态(x)指社会中其他所有的事情为 Ω，A 先生睡觉时仰卧；状态(y)指社会中其他所有的事情为 Ω，A 先生睡觉时俯卧，假如 A 先生偏好 y 胜于 x，而其他许多人的偏好却相反。那么，可以认为，x 和 y 之间的社会选择是纯粹个人的事，因为 A 先生是仅有的一个'真正'涉及的人，其他的人都只是'爱管闲事的人'。也可以认为，可以选择一个这样的集体选择规则，在这个纯粹'个人性质的'选择中，A 先生的偏好应当被社会偏好准确地反映出来。”

这一结论也被称为“森的帕累托标准和自由主义的不可能性定理”。下面首先来看看他所举的一个例子。

现在有一本书，有两个人 A 和 B，他们对这本书的看法不同，有三种选择：

A 读这本书(x)；B 读这本书(y)；谁都不读(z)

A 的偏好排序是：z 优于 x，x 优于 y。A 即是一位假正经，他希望这样的书最好谁也别读，但是如果一定要有人读的话，那就最好自己先来读，以免幼稚的 B 受到坏影响。

B 的偏好排序是：x 优于 y，y 优于 z。B 即认为，对于这样有很高文学价值的作品而言，大家都不看实在太可惜了，所以大家应该读这本书，而且 A 应该首先读，然后自己读。

那么，对于 x，y，z，社会的选择或者说社会排序是什么样的呢？

对于 x 和 z：根据自由主义的原则，A 读不读这本书应该是 A 自己的事情，A 应该有选择的自由，A 的偏好是决定性的，因此，社会的偏好排序应该和 A 的个人排序相同，是 z 优于 x。

对于 y 和 z：同样的道理，B 读不读这本书应该是 B 自己的事情，B 的偏好是决定性的，因此，社会的偏好排序应该和 B 的个人排序相同，是 y 优于 z。

这样，根据传递性，社会应该偏好 y 胜于 x，即 y 优于 x。

但是，根据帕累托标准，社会对 x 和 y 的偏好应该是 x 优于 y，因为 A 和 B 都偏好 x 胜于 y。

因此，帕累托标准和自由主义是不相容的。

阿玛蒂亚·森关于帕累托自由的这一不可能性结论可以准确地表述为：满足下列条件的集体决策规则是不存在的。

① 排序的理性条件：排序具有自反性(reflexive)、相关性(connected)，而且偏好关系是不循环的。

自反性是指：对于任意一个选择 x 都有 x 优于 x，即任何选择都至少和自身一样好。

相关性是指：对于任意两种选择必有 x 优于 y 或者 y 优于 x 或者二者兼有。

② 帕累托标准：对于任意的选择 x 和 y，如果所有人 i 都认为 x 优于 y，那么对于社会而言也有 x 优于 y。

③ 最低限度的自由主义(minimal liberalism)：存在两个非空不相交的子集 L_1 和 L_2，对于两组不同的选择(a,b)和(c,d)，如果 L_1 中的所有人都认为 a 好于 b，则对于社会而言也有 a 好于 b；如果 L_1 中的所有人都认为 b 好于 a，则对于社会而言也有 b 好于 a。同样地，如果 L_2 中的所有人都认为 c 好于 d，则对于社会而言也有 c 好于 d；如果 L_2 中的所有人都认为 d 好于 c，则对于社会而言也有 d 好于 c。即两组人分别对两组选择具有决定性。任何人都有自由做他喜欢做的事，即有一些选择完全是个人的，个人的某

些偏好不应该受其他人的影响。

二、对福利主义的质疑

从非福利主义的观点出发，阿玛蒂亚·森认为，传统的“理性经济人”完全是一个“理性的傻子”(rational fools)。

根据传统的理性经济人假设，如果某个人 i 选择了行为 x 而拒绝了行为 y，那么这就意味着他认为在行为 x 时比在行为 y 时可以获得更好的个人利益。这种假设仅仅根据结果来判断行为，用对行为的评价取代对决策规则的评价，而且对于结果行为的评价也仅仅基于个人利益的角度，其他所有的因素至多是一个手段和中间因素。因此，这一假设实际上认为每个人都对应一个唯一的个人排序，每个人的行为都是根据这个排序而选择的。

而真正的个人选择和个人行为是什么样的呢？

人们都知道，多吃蔬菜对自己的身体健康有好处，但是，人们却往往不多吃蔬菜，人们经常这样想，要是我多吃些蔬菜该多好。这说明，个人的行为与个人内在的决策规则是有差别的，人们不能根据人们的行为而理所当然地推测他这么做一定是因为他可以获得更高的福利。因此，每个人的排序不可能是唯一的一个。

阿玛蒂亚·森认为，更为合理的假设应该是每个人的排序不是单向的、唯一的，而是具有多层次的、附加了超排序(meta-ranking)的假设，这些超排序用来表示人们的道德伦理判断。

三、个人权利框架

阿玛蒂亚·森认为，个人在其私人生活范围内具有自由选择的权利，也就是说，个人对某些特殊状态的选择是不受其他个人所影响的。帕塔耐克(Pattanaik，1998)将这种个人权利框架追溯到穆勒1848年的有关思想，所不同的是，阿玛蒂亚·森将这种个人权利看作对社会选择的约束。他对个人权利的正式定义为自由主义(liberalism)(简记为L)和最低限度的自由主义(minimal liberalism)(简记为ML)。在这样的权利框架中，某人 A 对不同的状态 x 和 y 是决策性的，意味着这两种状态仅仅在 A 的某些私人事情方面是不同的，除此而外，其他方面都是相同的。

第二节　公平理论

对于公平的理论，不同的学者有不同的见解，本节就对几个有代表性的公平理论加以介绍。

一、等分配置

如果把所有消费品在所有消费者之间进行完全平均的分配，即每个消费者的消费量为消费品的总量除以消费者的人数，这种方式称为等分分配（equal division allocation）或者平均主义分配（egalitarian allocation）。

二、没有嫉妒的公平

1967年，一位西方学者弗利（Foley）提出了一种没有嫉妒的公平（fairness as absence of envy）的概念。

如果一种效用分配方式使得$U_i(X_j) \leqslant U_i(X_i)$，那么就可以认为，消费者$i$不嫉妒消费者$j$。其中，$U_i$为消费者$i$的效用函数，$X_i$和$X_j$分别为消费者$i$和消费者$j$的消费量。同样，如果$U_j(X_i) \leqslant U_j(X_j)$，那么就可以认为，消费者$j$不嫉妒消费者$i$。

可以看到，公平的这种定义，对于所有消费者都是一视同仁的，而且也不需要进行人际效用比较。

一般情况下，没有嫉妒的公平的分配方式总是存在的。如等分配置方式，对于所有的消费者都满足$U_i(X_j) = U_i(X_i)$，所以，它是公平的。但是，公平的分配却不一定是帕累托最优的，除非所有的消费者都具有相同的偏好，即相同的效用函数。

一般情况下，公平的分配至少会满足交换的最优条件，而不一定会满足生产的最优条件。

所以，没有嫉妒的公平概念有可能与帕累托原则相冲突。

三、平均等价分配

Panzer 和 Schmeidler（1978）提出了平均等价分配（egalitarian equivalent allocations，EEA）的公平概念。

对于某种特定的效用分配状态而言，如果存在一种消费品组合（不一定在所讨论的问题中真正存在），被等分之后可以得到这种特定的效用分配状态，那么，这种特定的效用分配状态就是平均等价分配。也就是说，原则上，EEA中的效用分配状态可以由等分分配（同时也是没有嫉妒的分配）得到。

所有没有嫉妒的公平配置都是EEA的，但是，每种EEA不一定是没有嫉妒的。如果所有消费者都具有相同的效用函数，那么，EEA就是等分的，从而也是没有嫉妒的。

不过，EEA也不一定都是帕累托最优的。

四、公平等价分配

对于某种特定的效用分配状态，如果存在一种消费品组合（不一定在所讨论的问题中真正存在），进行了没有嫉妒的配置之后，可以得到这种特定的效用分配状态，那么，这种特定的效用分配状态就是（没有嫉妒的）公平等价分配（fair equivalent allocations，FEA）。因为平均分配一定是一种（没有嫉妒的）公平分配，所以，FEA具有EEA的所有特征。

五、横向平等

横向平等(horizontal equity)即要求平等者被平等对待。但是关于什么叫作平等者,如何才是被平等对待,则有不同观点。

如果个人平等是指具有相等的效用水平,那么,横向平等即要求具有相等效用水平的个人,在实施政策之后也应该具有相等的效用水平。但是这样的横向平等会与帕累托原则相冲突。而且,横向平等的要求是最优化问题中的一种次优约束,它会带来许多次优问题。

横向平等有时也被定义为,个人没有被基于无关的(指非效用方面的)差异而差别对待。这是福利经济学中常用的一种解释,因为它对应的社会福利函数是福利主义的和对称的或匿名的。

六、纵向平等

纵向平等(vertical equity)即要求条件不同的个人要被不同地对待。这里的关键是如何不同地对待不同条件的个人,是根据个人能力,还是根据个人需要?是根据个人的选择,还是根据个人的贡献?

第三节　正义理论

罗尔斯关于正义的理论主要反映在他的代表作《正义论》(*A Theory of Justice*)中,该书一出版(1971 年),便引起了很大的反响,并成为其后政治哲学领域研究中起点性的文献。现在,西方哲学界有一个共识,就是认为罗尔斯的理论导致了 20 世纪 70 年代初期以来开始的伦理学的复兴。(Reathetal,1997)

一、假设状态或初始位置

罗尔斯指出,在不同的正义原则之间进行选择时,可能的选择策略有很多,如最大最大化策略和期望效用最大化策略,但二者都不是他所赞同的。

关于最大最大化策略,这是一个极端乐观主义的策略。罗尔斯认为,这一策略风险太大,损失的可能性太大。采用这种策略,很有可能导致人们选择一个独裁者这样的结果。因此,罗尔斯认为最大最大化策略不是一种正义的原则。

关于期望效用最大化策略,即所有可能的效用函数分别与其概率的乘积之和最大化。罗尔斯认为排除它作为一种正义的原则有三个原因。一是,在初始位置,有关概率的知识是不可能得到的,处在某一位置的可能性是与个人特征有关的一种主观概率,它被遮盖在无知的面纱下,所以概率计算无从谈起。二是,在初始位置情况下,人们都比较保守,只要能得到最低可能的东西就可以了。三是,不采用最大最小原则,结果可能是大家无法接受的，例如一人独裁统治的社会。

进而，罗尔斯提出了自己所赞同的原则，即在不同的正义原则之间进行选择时，当事人应当选择在初始位置的不确定性条件下所选择的原则。罗尔斯所说的这种假设状态（hypothetical situation）或初始位置（original position）是指一种初始的平等状态，每个人都不知道在变化后的社会状态中自己所处的位置以及自己的个人特征。在这种状况下，被大家普遍接受的原则就是公平的原则。

由上述的公平概念，罗尔斯引出了他的正义概念。所谓正义就是那些在公平的初始位置中被接受的原则。这里，正义与否只涉及公平的初始位置，而与其他的社会状态无关。

二、正义的两个原则

罗尔斯认为，在初始位置中的人们应该选择的正义原则有以下两个：

第一原则，每个人都有同样的权利，拥有最广泛的、完整的、同等的基本自由体系，并且这一体系与所有人的类似自由体系是互相兼容的。

第二原则，社会的和经济的不平等被这样安排，以便使它们都：(a)最有利于最不利者，与正义的储蓄原则相一致，并且(b)与在机会公正平等条件下对所有人都开放的职位和位置相关。

因此，罗尔斯实际上认为，自由是至上的，是优先的，如果说自由可以被有所限制的话，那也只能是由于自由的原因。在考虑第二原则之前，第一原则必须被满足。同时，正义是优先于效率和福利的第二原则，在整体上优于效率原则，而且在其内部，(b)是优于(a)的。

因此，罗尔斯认为社会应该将境况最差者的福利最大化。所有的社会基本善（primary goods）—自由和机会，收入和财富，以及自尊的基础——都被平等地分配，除非某种或所有这些基本所需品的不平等分配是有助于最不利者的。

罗尔斯认为，采用这样的正义原则有一些优点。第一，一旦采用，就可以坚持下来，当事人之间可以相互信任。人们不必因为给予他人更多而勉强接受对自己自由的限制，人们不会损失什么。第二，这种正义原则是自我支持的，是稳定的：每个人的利益是得到肯定的，每个人的自由是受到保障的，每个人都可以通过社会之间的合作获得利益。而其他原则，如效用主义则要求人们愿意为了他人的利益而做出牺牲，这是任何人都难以接受的。第三，这种原则反映了人们之间的相互尊重，确保了人自身价值的意义，进而社会之间的合作也可以增强。

总之，罗尔斯理论的出发点是所有基本所需品都应该平等地分配，任何人都会同意这一点。这是一种平均主义的分配方式，也是很有吸引力的一种分配方式。但是，这并不是最终的状态。如果一些不平等分配能够使每个人的状况都变得更好，那么，这样的不平等是可以接受的。从最不利者的观点来看，如果不平等能够使这些最不利者的长期利益最大化，那么这样的不平等是可以接受的。最后，在什么条件下坚持原有的平均主义方式，在什么条件下不坚持，这要看人们是否愿意为了其他任何人的利益而牺牲应该得到的平均主义的、基本的自由权利。因此，便有了罗尔斯的那两个正义原则。

【特点1】 首先，罗尔斯的初始状态概念认为每个人关于初始状态的信息处在无知的面纱下，是与伦理判断无关的；自由等必需品与物质的非必需品之间是不可以替代的，这一点与康德的看法是一致的。罗尔斯认为，所有人在初始状态下都是非常厌恶风险的；针对效用主义不能够解释权利等的绝对必需性，罗尔斯分离出了一种状态（a limiting case），这种状态排除了伦理问题之间的所有替代关系但却保留了最终结果的社会福利主义原则。

【特点2】 如果按照罗尔斯的最大最小原则对社会状态进行排序，那么，最后得到的排序应该反映所有人意见的匿名性，因为每个人在进行排序时一定是牢记作为状态 x 的某个人 i 的，也就是说，不仅是处在某人 i 的社会位置上，而且还具有与他完全一样的所有主观特征。这被称为排序的位置等同性。

【特点3】 使用罗尔斯的正义标准，个人福利的度量实际上并不必要。（Sen，1970）这是罗尔斯标准的一个优点。

不过，一些西方学者认为罗尔斯的最大最小原则存在不足。

【特点4】 最大最小原则可能会与严格帕累托标准相矛盾。例如个人 A 在状态 x 和 y 的福利分别为（30，20），个人 B 分别为（10，10）。根据最大最小原则，状态 x 中的最小福利为10，等于状态 y 中的最小福利10，因此，状态 x 和 y 是无差异的，一样好的。而根据严格帕累托标准，状态 x 却好于状态 y，因为在状态 x 下至少个人 A 的福利大于在状态 y 下的福利，而个人 B 在状态 x 下的福利并不低于状态 y 下的福利。

【特点5】 最大最小原则不能够全面反映关于平等的各种考虑，因为它关注的只是境况最差的个人的福利，其他个人的情况则不作考虑。例如，个人 A、B、C 在状态 x 的福利分别为（10，5，1），在状态 y 的福利分别为（10，2，2）。根据最大最小原则，状态 y 好于状态 x，但是，状态 y 的不平等状况显然胜过状态 x，而这是我们所不希望的。

【特点6】 最大最小原则对福利变化的大小程度不敏感，它只关注情况最差的人。

【本章小结】

阿玛蒂亚·森指出，帕累托标准与自由主义会发生冲突。

这一结论也被称为“森的帕累托标准和自由主义的不可能性定理”。从非福利主义的观点出发，阿玛蒂亚·森认为，传统的“理性经济人”完全是一个“理性的傻子”。

公平理论主要介绍等分配置、没有嫉妒的公平、平均等价分配、公平等价分配、横向平等和纵向平等。

【拓展阅读】

从绿色转型看新质生产力发展:规模经济、产能过剩与国际贸易

绿色产业对发展新质生产力有两方面贡献,绿色能源是新的生产要素,同时绿色技术作为通用技术,和科技创新紧密相关,带动全要素生产率的提升。为推动绿色转型,需要克服化石能源使用的负外部性,发挥绿色能源创新的正外部性。新能源产业的发展是规模经济效应的体现,而非产能过剩。绿色转型通过规模经济和促进竞争来提升全球经济运行的效率,但规模经济所隐含的大型经济体和先发者优势会带来利益格局的调整,进而可能对全球治理体系产生重要影响。

一、绿色产业作为新质生产力的经济学特征

绿色产业对发展新质生产力的贡献,可以从两个视角进行理解。一是绿色能源作为新的生产要素,能源是生产要素之一,从化石能源转向绿色能源是生产要素的转换。二是绿色技术作为通用技术,属于制造业范畴,和科技创新紧密相关,可以带动全要素生产率的提高。

从市场资源配置角度看,化石能源和绿色能源存在差异。化石能源是初始的资源禀赋,具有规模不经济的特征。具体而言,开采油矿、煤矿往往从成本较低的地方开始,随着挖得更深、更远,成本逐步提高,因而呈现典型的规模不经济特征。相反的,绿色能源属于制造业,而制造业一个重要的特征是规模经济,即产量越高、单位成本越低。例如,由于IT、采购、推销、人力等固定成本的存在,年产100万辆车的单位成本低于同等条件下年产10万辆车的单位成本。绿色能源与化石能源这一根本性的差异对全球经济和市场竞争格局有深远的影响:

首先,规模经济效应是经济增长的重要载体。规模经济效应是人类实现社会进步、生活水平提升的根本载体之一,绿色能源具备这一特征,绿色能源和绿色产业发展对全球经济增长和生活水平提升有重要促进作用。

其次,从化石能源转向绿色能源改变市场竞争格局,在促进效率提升的同时也带来产业结构变化和利益的调整。采矿业与土地相关,天然地带有垄断属性,可竞争性不足。譬如石油输出国组织与伙伴国(OPEC+)由二十多个会员国组成,通过控制石油产量影响价格,是一个典型的卡特尔组织。而制造业,比如汽车、光伏组件和风电设备等可竞争性强,竞争促进效率提升。

最后,从市场竞争配置资源的角度,绿色转型需要克服两个外部性。化石能源具有负外部性,使用能源的收益是个体的,但排放带来的损害由整个社会甚至全球承担。相应的,这使得个体缺乏足够动力来降低化石能源的使用,因而需要公共政策的干预,比如碳市场、碳税等碳定价制度设计。另一方面,绿色能源具有正外部性,绿色技术创新的成本和风险由个体承担,而收益由全社会享有。因此,个体投入之和往往低于社会理

想水平，同样需要政府干预，例如为创新提供补贴。而在创新技术商业化的初期，公共政策干预带来利益的调整，进一步对全球治理体系产生重要影响，这意味着绿色转型是一项系统性的事业，不仅影响生产力，也影响生产关系。

二、理解绿色转型的经济学逻辑

（一）绿色能源对于发展新质生产力已经做出了切实的贡献

（1）从生产要素的角度看，中国光伏、陆上风电的平准化度电成本已低于燃煤标杆电价，为经济社会发展提供了更便宜、清洁的能源要素。从全要素生产率的角度看，绿色转型与研发创新紧密相连。对比中国新能源设备制造和化石能源开采的A股上市公司，无论是研发投入占营业收入的比重，还是专利申请数量，前者都明显高于后者，显示新能源行业更有能力贡献创新动能。

（2）针对如何分析绿色转型中存在的两类外部性，2021年中金公司研究部和中金研究院提出了绿色溢价的分析框架。绿色溢价是清洁能源成本与化石能源成本之差。将绿色溢价降到负值，让清洁能源成本低于化石能源成本，才能促使经济主体进行转换，促进绿色转型。

针对碳排放的负外部性与创新的正外部性，政府可以采用两类公共政策。在需求侧，通过碳定价、碳税来降低化石能源的需求。而在供给侧，通过财政补贴以及制度设计来促进市场主体的投入，以支持绿色能源技术创新和绿色产业发展。

（二）从化石能源转向新能源，可实现从规模不经济到规模经济的变化

规模经济效应能够推动相关产品价格下降，例如光伏组件和锂电池的全球价格随着累计装机量增长呈现直线下降的趋势，原因就在于绿色能源的制造业属性。这一点可以从其成本结构中得到体现，煤电和气电的发电成本中设备成本占比分别为40%和不到20%，而风电和光伏发电的设备成本占比均超过80%。

数字经济放大了绿色产业的规模经济效应。数字技术的非竞争性使得其边际成本很低，因此在数字经济时代，大的平台企业往往在美国、中国等大型经济体诞生，包括近几年也开始在印度有所发展。绿色产业天然地适合与数字技术相结合，带来更强的规模经济效应。

（参见《从绿色转型看新质生产力发展：规模经济、产能过剩与国际贸易》，《中国货币市场》2024年第5期。有改动）

【思案互动】 讨论：在绿色转型过程中，如何平衡规模经济带来的成本优势与产能过剩的风险，以实现新质生产力的持续健康发展？

第八章 市场失灵与政府微观调节

【学习要求】

本章主要结合市场经济的实际，探讨了不完全竞争的效率、非对称信息的交易与影响，分析外部效应的影响和消除以及公共物品的存在和政府失灵。通过学习，了解市场和政府并不是万能的，需要市场和政府相互调节。

【学习重点和难点】

重点：非对称信息的类型和影响、外部效应的影响和消除手段、公共物品的分类和特征。

难点：非对称信息的解决、政府失灵的影响和消除措施。

第三章介绍了福利经济学关于帕累托最优条件的分析。不难看出，这些分析都是以完全竞争的存在作为前提的。福利经济学不是（实际上也无法）一般地证明市场经济可以实现帕累托最优，而是证明完全竞争的市场经济可以实现帕累托最优。在他们看来，完全竞争均衡就是一种帕累托最优状态（福利经济学第一定理）。以完全竞争作为经济理论分析的出发点，是亚当·斯密以来的西方经济学的一个传统。20世纪20年代，英国经济的长期慢性萧条和随之而来的30年代的世界性经济大危机，宣告了包括福利经济学在内的西方经济学“市场神话”的破产。事实证明，完全竞争并不能自然而然地导致资源最优配置和社会福利最大化。完全竞争均衡往往是一种非充分就业均衡或帕累托非效率均衡。于是，市场失灵成为福利经济学乃至西方经济学谈论的另一个热门话题。所谓市场失灵（market failure），是指市场价格机制的某些障碍造成资源配置缺乏效率，或者说价格体系在保证资源有效配置方面是不完全的。

福利经济学一般把造成市场失灵的原因归结为四个：① 不完全竞争的市场结构的存在；② 外部经济的存在；③ 公共物品的存在；④ 不完全信息的存在。不完全竞争是与完全竞争相对应的一种市场结构。

第一节　不完全竞争的效率

一、完全竞争的效率

完全竞争(perfect competition)是指不受任何垄断因素和外在因素阻碍和干扰的一种市场结构。

1. 完全竞争市场的形成条件

(1) 市场上有大量的买者和卖者。任何一个卖者的销售量都只占市场供给量的一个很小比例,任何一个买者的购买量都只占市场需求量的一个很小比例。他们都是价格的接受者(price-taker),而不是价格的决定者(price-maker),他们都必须面对既定的价格,谁也没有力量控制或影响价格。价格不是由个别经济主体的供求活动来决定,而是在大量的买者和卖者背后由市场供求关系决定(即由一只“看不见的手”来决定)。

(2) 同一个市场的所有产品都是同质的(homogeneous),不存在任何产品差别。这也就是说所有的产品在质量、包装、规格、型号乃至销售服务方面都是相同的。这时对消费者来说,这种市场上的产品无论是由哪家厂商(企业)生产的,都是没有差别的。

(3) 生产资源(包括劳动和资本)可以在企业之间、行业之间自由流动,没有任何因素阻碍或迟缓这种流动。这意味着任何厂商都可以自由地进入或退出某个行业,加入某种产品生产的竞争角逐或退出某种产品生产的竞争角逐。

(4) 不存在外部成本或外部收益,即不存在外部性问题,无论何时何地,生产任何一种产品的边际私人成本都等于边际社会成本,边际私人收益都等于边际社会收益

(5) 生产者对投入品、消费者对产品的质量、价格和可获得的情况具有完全的信息(full information)。生产者和消费者既不需要花费代价(成本)去搜寻信息,也不存在信息失真、信息时滞和信息不对称的问题。

如果一个经济中的所有市场都满足上述条件,则这种经济就是完全竞争的市场经济。

2. 完全竞争市场下的资源配置帕累托最优状态

完全竞争的一个显著特征是单个生产者(厂商)面临的是一条呈水平状的需求曲线,并且这条需求曲线和他的平均收益曲线、边际收益曲线重合(即三线合一),其平均收益和边际收益都等场价格(见图 8-1)。

在图 8-1 中,纵轴表示市场价格,横轴既表示某种产品的供给量,也表示对某种产品的需求量。现在的市场价格水平为 P_0,P_0 的高度不是由某个生产者或消费者决定的,而是由这个市场上的总供给(SS)和总需求(DD)相均衡决定的(即图 8-1 中 E 点的高度决定了 P_0的高度)。

根据前面所说的完全竞争的第一个条件,不论这个市场上的买者对单个卖者的产

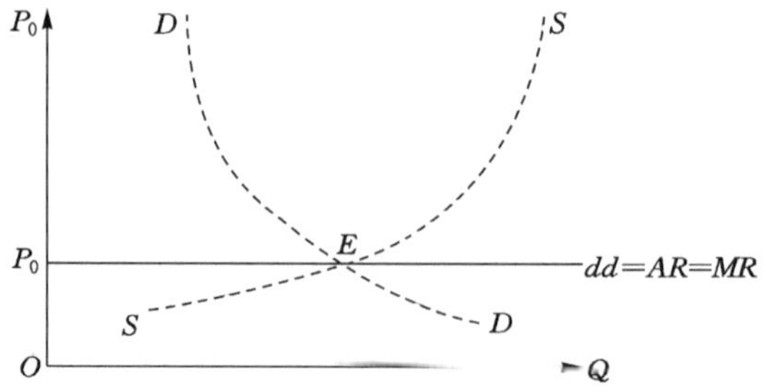

图 8-1　完全竞争下的需求曲线

品的需求量是多少，价格(P_0)总是既定的。这意味着这个市场在现在的价格水平下对某个卖者的产品的需求弹性是无限大的(当 $d_p \to 0$ 时，需求弹性系数 $E_d \to \infty$)，或者说，每一个卖者都可以按照既定的价格卖出他愿意出售的任何数量。这便是单个厂商面临一条水平的需求曲线(dd)的原因和含义。

由于在完全竞争条件下，单个厂商不能影响市场价格，所以他多卖一单位产品所获的收入(即边际收益 MR)同他以前出售的单位产品所获得的收入一样多，都等于既定的价格水平，即 $MR=P_0$。因而在图 8-1 中，边际收益曲线 MR 与单个厂商的需求曲线 dd 重合，都是水平线。

一个厂商的平均收益(AR)等于其总销售收入或总收益(TR)除以销售量(Q)，而总收益又等于销售量与单位价格的乘积，即 $TR=Q \cdot P$。因此，厂商的平均收益就等于单位(平均)价格($AR=TR/Q=Q \cdot P/Q=P$)。由于在完全竞争条件下，市场价格是既定的，因而 AR 曲线也是水平的，并且与曲线 MR 和曲线 dd 重合。

西方经济学认为，在一个完全竞争的经济中，生产者的长期均衡状态必然导致产量和价格都由平均成本(AC)曲线的最低点决定(见图 8-2)。

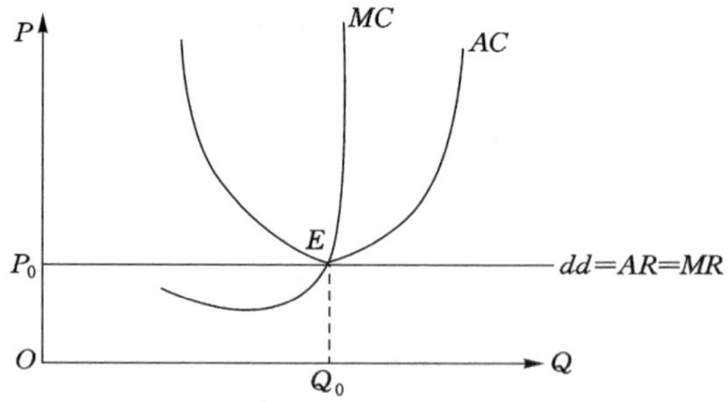

图 8-2　完全竞争下的产量和价格

在图 8-2 中，边际成本(MC)曲线和平均成本(AC)都呈 U 形，这可以由产量达到某一水平以后由于边际生产率递减规律的作用而出现边际报酬递减(或边际成本递增)得到说明。

在完全竞争条件下，追求利润最大化的生产者必然把他的产量推进到 $MR=MC$ 的那一点($MR=MC$ 是利润最大化的必要条件)，如图 8-2 中的 E 点。在 E 点，现在的产

量为 Q_0，价格为 P_0，它们都由曲线 AC 的最低点决定。这意味着在现在的产量水平下，所耗费的平均成本最小，单位商品的价格也最低。

在完全竞争经济中，资源配置是最有效率的，完全竞争均衡就是帕累托最优状态。效率，指的是帕累托最优状态。这种状态就是一种改变至少使一个人的状况好起来而不使其他人的状况坏下去的状态。如果一种变化使一些人的境况变好而使另一些人的境况变坏，只要是得大于失，经济就是潜在地有效率的。简单地说，所谓效率，就是社会以最低的成本生产出人们所需要的物品的状态，或者是指以最少的资源投入生产出人们需要的物品（产出）的状态。

3. 消费方面的资源配置的帕累托最优状态

根据无差异曲线分析，消费者在他的无差异曲线与预算线相切时，效用达到最大化。这时无差异曲线在这一点的切线的斜率（$\Delta Y/\Delta X$）等于预算线的斜率（P_x/P_y）。因此，如果消费者是效用最大化者，他将使两种物品的边际替代率等于这两种物品的价格之比。

$$MRS_{XY}=\frac{\Delta Y}{\Delta X}=\frac{P_X}{P_Y} \tag{8-1}$$

4. 生产方面的资源配置的帕累托最优状态

类似地，根据无差异曲线分析，生产者在他的等产量线与等成本线相切时，利润达到最大化。这时等产量线在这一点的切线的斜率（$\Delta K/\Delta L$）等于等成本线的斜率（P_L/P_K）。因此，如果生产者是利润最大化者，他将使生产要素的边际技术替代率等于这两种要素的价格之比。

$$MRTS_{LK}=\frac{\Delta K}{\Delta L}=\frac{P_L}{P_K} \tag{8-2}$$

由于存在边际成本递增规律，生产者的两种产品的边际转换率又可以表示为这两种产品的边际成本之比。即：

$$MRT_{XY}=\frac{\Delta Y}{\Delta X}=\frac{MC_X}{MC_Y} \tag{8-3}$$

由图 8-2 可知，在完全竞争市场上，$P_0=MC$，即追求利润最大化的生产者按边际成本定价。因此，式(8-3)又可以写作：

$$MRT_{XY}=\frac{MC_X}{MC_Y}=\frac{P_X}{P_Y} \tag{8-4}$$

我们再将式(8-1)和式(8-4)联系起来，就得到：

$$MRS_{XY}=\frac{MC_X}{MC_Y}=\frac{P_X}{P_Y}=MRT_{XY} \tag{8-5}$$

式(8-5)就是交换和生产的帕累托最优条件。这就证明了在完全竞争经济中，交换和生产同时能够达到帕累托最优状态；这时消费者获得最大效用，生产者获得最大利润，资源配置实现了帕累托效率。

必须指出的是，福利经济学关于完全竞争必然导致帕累托最优状态的结论是建立在“产品按边际成本定价”这一原则基础上的。在式(8-5)中，如果$\frac{MC_X}{MC_Y} \neq \frac{P_X}{P_Y}$，就无法导出$MRS_{XY}=MRT_{XY}$。

可以说，边际成本等于价格，是导致帕累托效率的关键机制。因为，从生产者方面看，将生产进行到边际成本等于价格时，意味着增加一种产品的边际单位的价值正好等于为此而牺牲的其他产品的价值，这标志着资源在企业之间、行业之间的配置达到了最优状态。从消费者方面看，消费者为增加一种产品的边际单位的消费所获得的满足，正好等于为此支付的货币所失去的满足。这标志着最终产品在家庭之间的配置达到最优状态。总之，边际成本等于价格意味着资源配置在生产和消费方面都会达到最优状态。

那么，如果经济不是完全竞争型的，从而产品不按边际成本定价，是否有帕累托效率呢？

二、不完全竞争的效率

不完全竞争(imperfect competition)是与完全竞争相对应的一种市场结构。生产者能否控制物品的市场价格，是划分不完全竞争与完全竞争的主要标志。如果一个厂商能够明显地影响他的产品的市场价格，那么这个厂商就是一个“不完全竞争者”(imperfect competitor)。如果在一个行业中，单个卖者(厂商)有某种手段控制物品的价格，这个行业就处在不完全竞争中。这里所说的厂商能够控制或影响产品的市场价格，不意味着厂商对他所索取的价格具有绝对的垄断力量；而只是说他可以在一定程度上抬高或压低市场价格，不再是一个完全的价格接受者。

1. 不完全竞争的特征、类型和根源

(1) 不完全竞争的特征。

由于完全竞争的一个显著特征是单个厂商面临的是一条水平的需求曲线(见图8-1)，这意味着完全竞争的厂商能够沿着水平的dd曲线卖掉任何数量他想要出售的产品而同时又不会压低市场价格。

不完全竞争的一个显著特征是单个厂商面临的是一条向右下方倾斜的需求曲线(见图8-3)，这意味着如果这个厂商要在市场上出售更多的产品，他必定会沿着dd曲线压低价格，否则，他的竞争对手的价格下降会在很大程度上使他的需求曲线由dd移动到左下方的$d'd'$，除非他是一个受保护的垄断者。需求曲线由dd移动到$d'd'$，意味着他在竞争中处于不利的地位：他只能按较低的价格出售同以前同样数量的产品，或者，如果他索要的价格不变，则只能减少他的产品的销售量。

(2) 不完全竞争的类型。

① 垄断(monopoly)。垄断是指单个的卖者是他所在行业的唯一生产者，并且，没有任何一个行业能够生产接近的替代品来代替他的产品。所以，垄断意味着某种产品的市场完全由一个厂商所控制的状态；这个厂商提供了这种产品市场的全部供给量，其

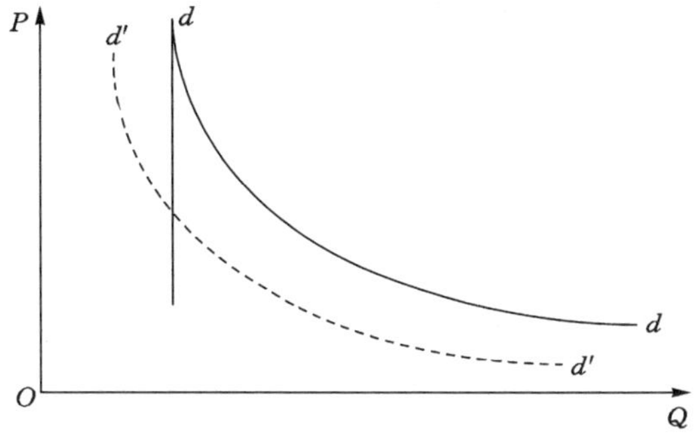

图 8-3　不完全竞争下的需求曲线

产品与其他行业的产品之间的交叉弹性很小。

垄断是不完全竞争的极端情况，只存在于如地方电话、煤气、自来水和电力这些政府特许的地方服务性行业中

② 寡头(oligopoly)。寡头是指一种产品由少数几个大厂商所控制的状态，这几个厂商提供的产量占这种产品市场供给量的很大比例。寡头有两种类型：生产完全相同的(或几乎完全相同的)产品的寡头和生产有差别的产品的寡头。前者又称作纯粹寡头或同质寡头，后者又称作有差别寡头或异质寡头。同质寡头存在于钢铁行业、石油行业、制铝业和航空业；异质寡头存在于汽车行业和机械行业。

③ 许多有差别的卖者(many differentiated sellers)，通常叫作垄断竞争(monopolistic competition)。垄断竞争是指许多卖者生产有差别的产品。垄断竞争与完全竞争不同的地方在于，后者是许多卖者生产无差别的产品，这里的产品差别是指同一种产品在质量、商标、销售服务和地理位置等方面的差别。在这些有差别的产品之间，存在很高的替代性。

(3) 造成不完全竞争或市场不完全性的根源。

造成不完全竞争或市场不完全性的两个根源是成本条件和对竞争的限制。由于大规模生产有显著的节约作用(规模经济)，大厂商的平均成本曲线和边际成本曲线一直是下降的(边际收益递增)，这样，他可以比小厂商更便宜地进行生产，并以低于小厂商的价格出售，从而把小厂商挤出这个行业。

对竞争的限制措施主要包括：① 产品差别。这是一种经济上的限制。由于存在产品差别，所以几乎在每一家厂商看来，其需求曲线都有一些向右下方倾斜。因为在这种场合，在同样的价格条件下，购买者对某一厂商的产品表现出了特殊的爱好或厌恶，从而形成了不完全竞争的性质。② 法律限制。在许多情况下，政府要限制某些行业的竞争。如专利，对厂商进入某行业的限制和外贸限制。

2. 不完全竞争的效率损失

西方经济学认为，生产者和消费者都是合乎理性的“经济人”，他们进行经济活动的目标都是为了获得满足最大化。对于消费者来说，追求满足最大化表现为追求效用最

大化；对于生产者来说，追求满足最大化表现为追求利润最大化。

总利润（T_π）等于总收益（TR）减去总成本（TC），而总利润、总收益和总成本都是产量（Q）的函数。

$$T_\pi(Q)=TR(Q)-TC(Q) \tag{8-6}$$

生产者为了获得最大利润，必须找到使 $TR-TC$ 的差额最大的产量和均衡价格。

为使式（8-6）有极大值，首先必须找到这个函数的极值点。

对 Q 进行微分，并令其等于零：

$$\frac{\mathrm{d}(T_\pi)}{\mathrm{d}Q}=\frac{\mathrm{d}(TR)}{\mathrm{d}Q}-\frac{\mathrm{d}(TC)}{\mathrm{d}Q}=0$$

因此，当

$$\frac{\mathrm{d}(TR)}{\mathrm{d}Q}=\frac{\mathrm{d}(TC)}{\mathrm{d}Q} \tag{8-7}$$

时，T_π有极大值。（充分条件从略）

在式（8-7）中，$\mathrm{d}(TR)/\mathrm{d}Q$ 和 $\mathrm{d}(TC)/\mathrm{d}Q$ 的经济学含义分别是边际效益——增加一单位产量而带来的总收益的增加量，和边际成本——增加一单位产量而引起的总成本的增加量。边际收益和边际成本一般又记作 MR 和 MC，因此，生产者要想获得利润最大化，必须使得他的 $MR=MC$，$MR=MC$ 又称作利润最大化的原则。无论是完全竞争的厂商，还是不完全竞争的厂商，只要他追求利润最大化，他就必须遵循这一原则。

前面说过，完全竞争的厂商面临的是一条水平的需求曲线。因此，当完全竞争者把他的产量推进到 $MR=MC$ 这一点时，一定有

$$P=MR=MC \tag{8-8}$$

这时达到完全竞争者的最大利润点

在完全竞争下，每一个生产者追求利润最大化的结果（$MR=MC$），必须导致资源的最优配置（$P=MC$）。也就是说，当每个人追求自身最大利益时，通过亚当·斯密“看不见的手”的作用，必将导致社会的最大利益或最大福利。因此，在完全竞争下，个人目标和社会目标是统一的，每个人追求个人目标的过程就是实现社会目标的过程。

而在不完全竞争下，生产者面临的是一条向右下方倾斜的需求曲线（见图 8-3）。由于这个缘故，生产者的边际收益（MR）曲线必定位于需求曲线（dd）的下方，并向右下方倾斜。因为他增加一单位产品的销售必须要降低价格，因此，当不完全竞争者把产量推进到利润最大化这一点时，必有

$$P>MR=MC \tag{8-9}$$

式（8-9）是说，在不完全竞争下，当生产者获得最大利润时（$MR=MC$），社会资源配置没有最优（因为 $P>MC$）；不完全竞争者追求自己最大的利益并没有导致社会的最大利益。这种状况就叫作市场失灵。

在图 8-4 中，不完全竞争者的需求曲线 dd（也是平均收益曲线 AR）和边际收益曲线 MR 都向右下方倾斜，并且 MR 曲线位于 dd 曲线的下方。当他把产量推进到利润最

大化这一点(E)时,价格 P_0 不在 E 点而在 AR 曲线上的 G 点,这时 P_0 既大于 MC,也高于 AC 最低点。

现在结合图 8-4 来分析不完全竞争对社会福利或资源配置效率的影响。

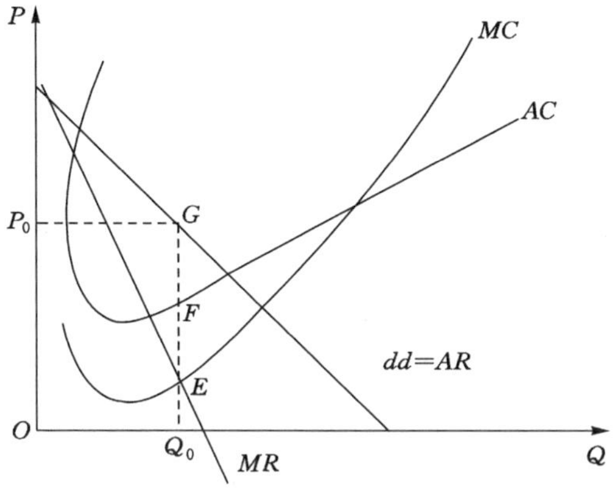

图 8-4 不完全竞争下的产量和价格

就生产者来说,现在价格不在平均成本曲线的最低点(F),而在高于 F 点的 G 点,这说明生产现在的产量所耗费的成本不是最低的,资源的利用存在着浪费。而 $MR=MC$ 又意味着,生产者为了获得利润最大化,有意识地要造成一种稀缺状态,以便使产品价格高于其边际成本。

对于消费者来说,由于现在不按最低成本定价,消费者用同量的货币收入所能购买的物品数量将相对减少;因为 $P>MC=MR$ 由此会降低他的效用水平。也就是说,如果消费者的货币收入不变,不完全竞争下的消费者的满足程度将低于完全竞争下的消费者的满足程度,因为消费者在不完全竞争下对物品所付的价格较高。就全社会来说,由于现在 $P\neq MC$,所以无法满足交换和生产的帕累托最优条件($MRS_{XY}=MRT_{XY}$),资源在生产和消费中的配置没有达到帕累托最优状态。因此,经济体系在 $P>MC$ 时是低效率的。

不完全竞争引起的福利损失可以通过图 8-5 来说明。

假定其他行业都是完全竞争。图 8-5 中的 MC 曲线表示每个产量水平的社会边际成本(即在这个行业增加一单位产量时其他行业所放弃的产量)。如果所有的消费者都是相同的,dd 曲线就表示在每一个产量水平时的社会边际效用。

在完全竞争下,生产者将在 $P=MC$ 即 E 点达到均衡。这时社会边际成本等于社会边际效用,从而社会福利达到最大。

在不完全竞争下,生产者将在 $MR=MC$ 即在 B 点达到均衡。这时,产量由 Q_0 减少到 Q_1,价格由 P_0 提高到 P_1;$P>MC$,社会边际效用大于社会边际成本。这意味着,如果不完全竞争者增加一单位产量,给社会带来的得将大于失。

我们可以运用消费者剩余的工具来分析这种福利损失。在图 8-5 中,低于 E 的每

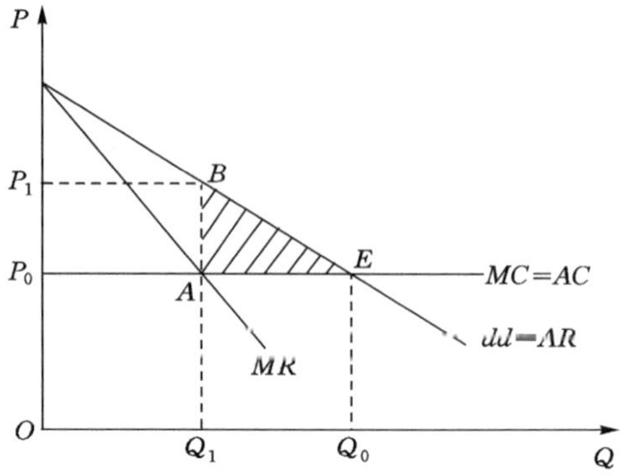

图 8-5　不完全竞争引起的福利损失

一单位产量，消费者剩余的损失是 dd 曲线与 MC 曲线之间的垂直距离，不完全竞争者减少产量而造成消费者剩余（社会福利）损失就等于 ΔABE 的面积。

三、对不完全竞争的管制

1. 经济管制

（1）传统的经济管制方式。

西方国家过去为了减少垄断尤其是自然垄断造成的效率损失，一般采取三种干预措施：① 税收政策。通过向垄断者征收重税来减少垄断者的利润，从而减轻某些社会所无法接受的由垄断造成的影响（如收入分配不平等）。② 价格管制。这种办法部分是用来对付通货膨胀，部分是为了压低某些高度集中的行业的价格。③ 国有化。在某些行业（如电话、自来水、煤气、电力）需要大规模生产，这时只有当厂商成为垄断者或接近垄断时，有效率的生产才会出现。在这种情况下，将这些行业收归国有，实行政府所有制，对社会是有利的。

（2）现代的经济管制方式。

西方国家（如美国）一般采用管制和反托拉斯政策来限制垄断。这里的管制主要是一种经济管制，政府设立专门的管理机构监督受管制行业的价格、产量以及厂商的加入或退出。这种管制广泛用于公用事业、交通运输和金融市场。反托拉斯政策主要用来对付寡头垄断造成的社会福利损失。这种政策禁止厂商的某些行为，如厂商联合实行固定价格制度、市场分成制度、掠夺性的定价制度、排他性活动等，也用来限制某些市场结构，如纯粹垄断。

2. 社会管制

社会管制是指通过制定一些规章制度来纠正经济活动所产生的各种副作用和外部影响，以保证人们的健康和安全。比如，对净化空气和水的规定，确保核电站、药品、汽车或玩具的安全的规定。

四、对不完全竞争进行管制的作用

对不完全竞争进行管制为什么能提高资源配置效率，可以通过图 8-6 来说明。

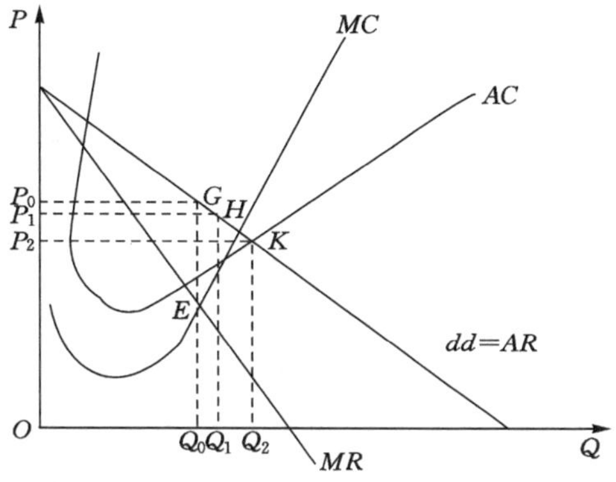

图 8-6　对不完全竞争进行管制时的产量和价格

不完全竞争者面临的是向右下方倾斜的需求曲线和边际收益曲线，他在 E 点达到利润最大化（因为 $MC=MR$），这时候他确定的产量为 Q_0，价格为 P_0。由于 P 高于平均成本，他获得了超额利润。假定现在管制机构对不完全竞争者进行管制，规定他的价格最高只能定在 P_1，这时产量由 Q_0 增加到 Q_1。由于价格下降，消费者现在可以购买更多的消费品（即便他们的货币收入没有增加）。对于这个生产者来说，现在的价格等于边际成本（$P_1=M_C$），但仍然高于平均成本，这意味着他仍然可以获得超额利润。如果管制机构把最高限价定在 P_2，产量将进一步增加到 Q_2。消费者可以按更低的价格购买更多的消费品。这时的价格平均成本曲线与需求曲线的交点 K，$P_2=AC$，这个生产者仍然可以获得正常利润。这个分析说明，对不完全竞争进行管制，可以达到增加产量、降低价格的效果。

第二节　非对称信息

一、非对称信息对交易的影响与信息理论

非对称信息是指市场上买方与卖方所掌握的信息是不对称的，一方掌握的信息多一些，另一方掌握的信息少一些。有些市场卖方所掌握的信息多于买方，例如，在大多数的商品和生产要素市场上，卖方掌握的信息多于买方。汽车的卖方一般比买方更了解汽车的性能，药品的生产者和销售者比买方更了解药品的功效，劳动力的卖方比买方更了解劳动的生产能力，等等。但在另一些市场上，买方所掌握的信息多于卖方，保险市场与信用往往就是这种情况，医疗保险的购买者显然比保险公司更了解自己的健康状况；信用卡的购买者当然比提供信用的金融机构更了解自己的信用状况。在本章之

前所讨论的市场均衡，都是假定供求双方所掌握的信息是对称的。在供求双方都接受的价格下，供给者出售了他所愿意出售的数量，需求者购买了他所愿意购买的数量。买卖双方的意愿在价格机制的作用下通过市场的自由交易而实现。一旦供求双方所掌握的信息不对称，市场将出现问题，在此情况下所导致的均衡结果对社会来说将是一种无效率的状况。

在大量的市场经济活动中，经济行为人之间不可能有相同的信息。某些信息具有私人信息的性质。当交易双方掌握的情况有差异时，拥有信息优势的一方就可能产生机会主义行为，为了获得更有利于自己的交易条件，故意隐瞒某些不利于自己的信息，甚至扭曲信息或制造虚假信息，这就必然影响契约的签订和交易的质量。例如，二手汽车卖主可能把汽车表面修旧如新，而隐瞒重要的内在质量隐患。在信息不对称时，契约总会留下许多漏洞，给人们的机会主义行为以可乘之机，从而使交易的效率受到影响。这种在交易前隐瞒自己掌握的信息，或利用对方不知情来做出有利于自己的选择的行为被称为逆向选择。

信贷市场是一个典型的例子，贷方（如银行）在信息方面处于劣势，而借方（企业和个人）处于优势，因为借方了解所选投资项目的风险程度。风险是决定利率（借用资金的价格）的一个重要因素，风险越大，利率就应当越高。如果贷方对项目风险知之甚少，风险因素便不能通过供求关系反映到价格上来，价格就难以起到平衡供求的作用。例如，两个贷款企业的盈利率即投资回报率高低不同，这是明显的公开信息，而盈利率高的企业风险也大，但风险因素只有该企业自己知道。当银行调整利率以排斥低质量投资项目时，盈利率低的企业当然先退出市场。结果利率高了，风险却增大了，银行的利润率可能反而下降，资金的供给也会跟着下降。结果是随着利率的提高，借贷资金需求下降，供给也下降，仍不能实现均衡，信贷市场的例子可以看作隐藏信息的类型。

与隐藏信息类型相类似但有所不同的另一类经济行为是隐藏行动，即道德风险或败德行为。这也是由信息不对称现象产生的。在保险业中，这种情况遇到的最多。例如，当投保人为自行车购买了保险以后，可能就有意地对自行车的失窃疏于防范。类似的行为在健康保险方面也会发生。如果没有相应的措施或适当的激励机制，使得投保人放弃这种机会主义行为，保险业务甚至整个保险业都难以存在。

信息问题中还有一个特别的类型——信息传递与信息甄别问题。一个简单的例子是雇主在与雇员的交往中如何识别雇员能力的问题。雇员知道自己的能力，雇主不知道。如何有效地传递自己的能力这一信息，对交易行为的影响至关重要。类似的情况也存在于企业与其聘用的经理之间，产品销售者与购买者之间。如果信息能够以适当的方式发送，需要了解有关信息的一方能通过某些信号识别真伪、优劣、高低，交易就能有效进行。

由于信息存在着广泛的不对称性，并且这种情况又常常导致经济活动即交易的低效率，因此，如何在既定的信息状态下改进经济机制，优化契约安排，通过给经济行为人提供适当的刺激来提高经济活动的效率，就成为一个值得研究的重要课题。研究这方面问题的理论就叫作信息理论。信息问题的类别有多种，它是以信息不对称发生的时间和不对称信息的内容为依据来进行划分的。从不对称发生的时间看，不对称性可能发生在当事人签约之前，也可能发生在签约之后，分别为事前不对称和事后不对称。研究事前不对称的类型可以归结为逆向选择类型，研究事后不对称的类型可归结为道德风险类型。不对称信息的内容实际上分为两类。一是指有关参与人的行动信息，二是指参与人掌握的知识信息。研究不可观测行动的类型属于隐藏行动类型，研究不对称知识信息的类型称为隐藏信息类型。

信息问题和与之相联系的激励问题在委托-代理关系中表现得最为突出，委托人常常不拥有私人信息，代理人则掌握着私人信息。如何防止代理人发生机会主义行为和道德风险，如何激励代理人朝着符合委托人目标的方向行动，便是委托-代理理论的核心。委托-代理理论的分析同时包括了对隐藏行动的道德风险问题的各种分析。

本节将就非对称信息下所导致的逆向选择、信号传递、道德风险、委托-代理问题进行讨论，并探讨由这些问题而产生的效率损失及政府可以采取的相应措施。

二、逆向选择

逆向选择是指买卖双方信息不对称的情况下，差的商品总是将好的商品驱逐出市场。当交易双方的其中一方对于交易可能出现的风险状况比另一方知道得更多时，便会产生逆向选择的问题。

1. 旧车市场中的信息不对称与逆向选择

在旧车交易中，总是次品充斥市场。2001 年度诺贝尔经济学奖获得者之一的美国经济学家阿克洛夫(George A. Merlof)对这种情况作了理论分析，即阿克洛夫的旧车市场模型。

设想某个旧车市场上有 200 个卖者，每个卖者出售一辆旧车，共有 200 辆旧车待售。市场上恰好有 200 个车辆购买者，每个购买者购买一辆旧车。假定 200 辆旧车中质量较好的车为 100 辆，质量较差的车(称为次品)也是 100 辆，二者各占一半。假定购买者对质量较好的车愿意出 10 万元的价格购买，对质量较差的车愿意出 5 万元的价格购买。出售者对质量较好的车愿意接受的最低价格是 8 万元，对质量较差的车愿意接受的最低价格为 4 万元。若买卖双方的信息是对称的，即买者与卖者双方都知道欲进行交易的车的质量，则市场达到供求相等的有效均衡是没有问题的。100 辆质量较好的车每辆都将在 8 万元到 10 万元的价格之间成交；100 辆质量较差的车每辆都将在 4 万元到 5 万元的价格之间成交。市场既不存在过剩的供给，也不存在过剩的需求。

但是，实际上买卖双方关于旧车质量的信息是不对称的。卖者知道自己的车的质量，买者并不知道所要购买的旧车的质量。假定买者只知道在待售的 200 辆旧车中有一半质量是较差的。因此，每个旧车购买者买到好车与差车的概率各为 0.5。在这种情况下,每一位买者对所购买的旧车愿意支付的价格为7.5万元(10×0.5+5×0.5)。那么,7.5万元的价格对供给会产生什么影响?哪一个卖者愿意以7.5万元的价格出售旧车?毫无疑问,只有那些拥有较差质量旧车的人愿意按7.5万元的价格出售旧车。由于具有较好质量旧车的出售者愿意接受的最低价格是8万元,因此在7.5万元的价格水平,不会有一辆质量较好的旧车成交。如果旧车的购买者知道,在7.5万元的价格水平不会有一个人出售质量较好的旧车,而只有质量较差的旧车可供购买,他愿意支付的价格就不再是7.5万元,而是5万元。所以旧车市场上最终只能是100辆质量较差的车在4万元到5万元的价格之间成交,次品充斥市场。显然,因非对称信息而导致的旧车市场最终均衡从社会角度看是无效率的,因为最终成交的数量低于供求双方想要成交的数量。旧车市场出现次货将好货逐出市场的原因是买卖双方信息不对称造成市场失灵。市场失灵的原因在于质量较好的汽车与质量较差的汽车之间存在外部效应。当买者因信息不足而形成以平均质量估价时,卖者趁机出售质量较差的汽车。这一逆向选择反过来影响了下一轮买者对质量的评价以及对平均质量汽车所愿支付的价格,进而进一步损害了质量较好的汽车卖者的利益。正是这种外部效应造成了市场失灵。

2. 保险业中的逆向选择

保险业中逆向选择之所以出现的原因是保险公司事先不知道投保人的风险程度。保险业务有多种,如财产保险、健康保险、人寿保险等。我们首先以财产保险为例来说明保险市场上的逆向选择问题。

假设一家保险公司提供财产失窃保险,它必须设定投保的费用率。如果信息是对称的,保险公司对投保人所处地区的失窃率有清楚的估价,那么以失窃率为基础设定投保费率是有效的。投保人可通过保险公司提供的服务免除财产损失的后顾之忧,保险公司也可以从收取的投保费用中获取补偿。但是,偷窃案发生的可能性在各个住宅区是不同的,简单地说可分高失窃率社区和低失窃率社区。而有关社区的失窃率情况,在保险公司和投保人那里的分布又是不对称的,投保人更清楚自己所在地区的安全情况,而保险公司知之甚少。如果保险公司决定根据平均失窃率提供保险,那么必然出现以下情况:居住在安全社区的人不会买财产保险,居住在低失窃率社区的人很少会购买财产保险,而居住在高失窃率社区的人最希望购买财产保险。

保险公司在信息不对称的情况下面对的将是这种逆向选择。客户的逆向选择迫使保险公司放弃按照平均失窃率来确定投保费率的办法,因为按这一标准收取的投保费将无法支付实际高于这一水平的赔偿额,保险业务无法进行。保险公司为了盈利,至少不至于亏损,一定会将投保费率建立在高失窃率的基础上。但是当保险公司提高投保费率时,低风险居民将不再愿意购买这种高价保险。随着低失窃率社区居民退出保险市场,高风险的投保者成为主要的客户,保险公司面临的实际平均风险率进一步提高,这又使得保险公司进一步提高投保费率。最后,只有少数失窃率很高的社区的居民购买财产保险,保险业市场不断萎缩。

健康保险市场也有同样的问题，任何购买保险的个人都比保险公司更知道自己的健康状况，因此信息不对称总是会发生。不健康的人可能更需要保险，所以不健康的人在投保人总数中的比例会提高。保险公司为了盈利，不得不提高投保费率。恶性循环再度发生，保险市场的功能大大受到限制。

逆向选择的问题实际上是由信息不对称与自愿选择相结合而发生的，是人们企图利用信息不对称为自己获取更多利益所致。在信息不对称情况不能改变时，改变自愿选择为某种强制，可能更为有效。这就是，要求每个居民购买保险，而投保费率则按全体居民平均风险水平为基础计算。这时，高风险居民可以按低于他实际面临的风险费率购买保险，所以他们的境况会变得更好。对于低风险居民来说，与保险业萎缩而得不到保险服务，或者须付高价才能得到保险服务相比，购买这种保险更为有利，这的确是一种帕累托改进。逆向选择的外部性极其明显，从各个分散的个人来看其实是理性的逆向选择，使其他人的处境变得更坏。试图做出无偏选择的个人，受到众多个人逆向选择及其结果的无辜影响。

在信息不对称的情况下，以自愿选择为特征的市场机制表现出无效性，不得不求助于政府的强制，这是市场失灵的又一表现。经济学原理通常证明自由选择是帕累托有效的前提，其实那是以信息完全作为前提的。非对称信息环境中，自愿选择却显示出缺乏效率。

非对称信息下逆向选择的分析，有助于解释在许多发达市场经济国家存在的社会保障安排。一般情况是，雇主把保障计划作为一揽子附加福利的组成部分提供给他的雇员。强制性地规定雇主为其雇员投保，以保证无偏选择，保险公司便能够将投保费率建立在所有雇员平均风险的基础上，并保证收支平衡。

这一分析也揭示了政府的作用所在。低效率发生的原因是逆向选择，而逆向选择的原因在于投保的自愿性。消除失灵的方法只需实行强制投保，而无须全盘否定整个保险市场。政府的强制规定与保险公司的市场运作相结合，可以有效克服纯粹市场运作存在的弊端。

3. 资本市场中的非对称信息

前面介绍过信贷市场中由于借贷双方信息不对称，在借款人中易于出现逆向选择的情况。这种逆向选择，即风险高的人或单位更愿意借款，迫使银行提高贷款利率。结果银行贷款对象中包含了更多盈利率虽高但风险也更大的客户，银行面对的风险也随之增大。

在资本市场上，也存在着类似的逆向选择问题。对资本有所需求的企业为数很多。其中许多企业是由优秀的经理人员经营的，而另一些企业的经理也许较为无能。他们都乐意通过出售证券来使用投资者的资金。但投资者在做出投资选择时，对证券的质量不具备完备的信息。证券投资的风险是可想而知的，如出现以下某种情况，投资者就会无所收益：① 公司没有将筹集的资金用于原项目的投资上；② 公司经营不善导致无盈利或亏损;③ 公司虽然赚了钱,但谎称没有赚到钱。投资者受信息的约束无法知道每一种证券的投资收益,只能根据其收益做出决策。重要的是资本市场中存在的这种信息不对称容易导致筹资者的逆向选择。股票市场和债务市场都存在逆向选择问题,但由于股票代表的是公司的剩余索取权,因而存在更多难以监控的因素,逆向选择问题就更为突出。证券市场上发行股票,意味着筹集资本,虽然投资者希望发行股票的公司具有很强的盈利能力,但实际上如果没有十分严格的限制和约束,不论盈利能力如何,公司都会乐于从股市获得资金,特别是以高估的市场价格发行股票。这就是一种逆向选择。这种逆向选择的普遍存在使投资者有理由相信,公司之所以发行新的股票是因为股票市场价格高于股票价值,因为股票价格低于其价值时,公司是不愿意发行新股的。由此推论,发行新股会导致股票价格的下跌。因此,在发达国家,成熟投资者会把发行新股看作该公司的"利空"消息。这样就限制了证券需求。另外,为了克服资本市场信息不对称造成的不良影响,资本市场中建立起一套增加筹资方信息供应的制度,要求筹资方公开某些"私人信息"。筹资方为了避免过度暴露,常常回避股票发行而转向债券市场。这就是为什么在资本市场很发达的西方国家,发行股票只占企业外部筹资的很小比例,其重要性排在银行贷款和债券融资之后的原因。

4. 声誉机制的作用

除了上述市场,非对称信息情况在其他许多市场中都广泛存在。各种商品,大到家用电器乃至房屋,小到鞋帽和日常用品,制造厂家和零售商店对他们生产和经销的商品的质量知道的比消费者多得多。在服务行业也是如此,除非销售者能够向购买者提供有关产品质量的信息,否则低质量产品和服务就会把高质量产品和服务驱逐出去,从而出现市场失灵。

厂商向购买者提供有关产品和服务质量的信息行为称为发送信号。发送信号的作用在于纠正,至少缓解信息不对称性,矫正购买者对厂商机会主义行为的预期,以避免追逐劣品。发送信号是花费成本的,赠送产品、展示样品、做有关质量的广告、赠质量保证书等,都是发送信号的方式。最有效的信号是消费者使用商品后对该商品的良好评价,这就是声誉。声誉是厂商以自己过去的产品或服务的质量来发送信号形成的。在信息不对称的情况下,购买者自然会根据以往的信号或来自别人的信息做出判断。良好声誉对于一个企业来说是一种无形资产,而对整个经济活动来说,则成为矫正市场失灵的一种有效机制。由此可以认为,在向市场经济过渡过程中,应当诱导企业实施品牌战略,支持有声誉的企业实施扩张兼并、连锁经营,拓展名牌产品的生产规模。

声誉机制也是促进资本市场发展的一种重要的社会机制。公司经理良好的声誉有利于消除投资者的种种顾虑,如果公司已经凭借自己的良好声誉在资本市场上筹集资金,并希望继续从资本市场上筹资,那么这个公司必须维持它的声誉。声誉机制的产生需要经历时间的检验。历史上,在声誉机制广泛发生作用之前,信任机制是早期资本市场上起重要作用的机制。早期资本市场上,金融交易通常集中于某一家庭内部成员之间。这种重复博弈为特征的金融交易,有利于保证执行合同。因为违约的惩罚,除了使用经济手段外,在家族成员之间还可以采用其他非经济手段。此外,参与者之间的相互了解的确起到缓解负债能力信息不完全的问题,能够防止或减少逆向选择的发生。

三、信号传递

前面的分析说明,不对称信息会导致逆向选择及市场失灵。买方对一个商品的质量知道得不多,倾向于假定其质量是低的,只愿意接受较低的价格,从而导致市场上只有低质量商品出售。政府在特定环节上的干预(如强制购买健康保险)或声誉机制的发展(如在提供服务上)能够缓解这一问题。前面曾谈到发送信号的作用,但未做充分的说明,下面将进一步专门介绍这一问题。

1. 市场信号传递

市场信号传递理论是由2001年度诺贝尔经济学奖获得者美国经济学家迈克尔·斯彭斯(Michael spence)首先提出来的,他着重研究了劳动力市场上存在的有关雇员能力的信息不对称问题。

雇主在决定是否雇佣某个雇员以及付给多少薪水时,需要知道有关该雇员素质的一系列信息,如技术水平、工作能力、责任心努力与否等。但雇主在劳动力市场上难以直接获得这些信息。雇主只有在工人被雇佣并工作了相当一段时间以后才会了解这些情况。试工或实习的办法也许可以解决上述问题,但是解雇已经工作了数月的工人并不容易,往往要付出解雇费甚至面临法律诉讼等代价。况且,对一些工作岗位而言,熟悉工作需要较长的时间,三个月甚至半年的工作也不能有效地说明一个工人的能力。工人上岗前还要经历相当长时间的培训,对此,雇主还要投入大量的资源,所以试用也不是较好的办法,最好是在雇佣前就能知道潜在雇员的工作能力和素质。

2. 教育水平与生产效率

在缺乏有效信号的时候,受教育水平就成为表示劳动者质量的一个有用信号。一个人的受教育水平可以通过学历、学位、毕业学校的声誉以及他的学习成绩等来表示。教育能够提高一个人的素质和能力,比如说教育能够通过提高一个人分析问题、获得信息的能力,来直接或间接地提高一个人的生产率。退一步说,即使教育不能提高一个人的生产率,它仍然可以成为生产率的有用信号,因为生产率较高的人往往智力较强、精力旺盛、做事努力、较多理性、有进取精神,而这些特质在学校学习中也有用。如果接受教育的机会是由充分竞争获得的,如需要通过考试择优录取,那么教育水平就具有较强的过滤作用。学历较高者,特别是名牌学校毕业生本身就能成为生产率的有用信号。即使缺乏严格淘汰的升学制度,教育的过滤作用仍然存在,因为除了学费支出外,读书本身是要付出努力的,是要花费成本的。如果一个人不具有生产率较高的人具有的那些特质,他在学习中必然要比别人花费更多的代价,这种代价或成本会阻止他进一步深造。所以,一个人的能力和素质与受教育程度是相关的,能力越强,受教育越多。从这个意义上说，即使不能直接或间接提高生产率，教育也能作为生产率有用的信号。人们选择受教育，其实也就是通过受教育来发送有关自己生产率的信号。

3. 受教育方式与资源配置效率

那么，以受教育的方式发送信号对劳动力资源的开发、劳动力交易的效率有何影响呢？经济学家关心的莫过于资源配置效率问题。

下面是一个非常简化的教育市场模型。假设有两种类型的工人：能干的和不能干的。能干的工人的边际产品是 a_1，不能干的工人的边际产品是 a_2，$a_1>a_2$。另外，假设一个线性生产函数，使得能干的工人 L_1 和不能干的工人 L_2 生产的总产量等于 $a_1L_1+a_2L_2$。能干工人所占的比重是 b，不能干工人所占比重是 $1-b$。这个劳动力市场是一个竞争市场。

如果工人的能力能够很容易地被察知，厂商就能直接根据他们的能力来确定工资，即向能干的工人提供 W_1 的工资（$W_1=a_1$），向不能干的工人提供 W_2 的工资（$W_2=a_2$）。每个工人得到的报酬都等于他的边际产品，这样的报酬安排是有效率的。

但是如前所述，通常雇主无法在雇佣工人以前了解他们各自的生产率。最简单的一种方法是对工人不区分类型，对每个人都给予平均工资 $W=ba_1+(1-b)a_2$。这种支付安排的效率如何呢？不能干的工人的报酬高于其边际产品，能干的工人因其报酬低于潜在生产率，影响其生产能力的发挥，甚至会向不能干工人的产出看齐，发生逆向选择。厂商所得的产量和利润就会小于它能完全察知工人类型时的产量和利润。

现在假设教育只是生产率的有用信号，工人们可以通过选择受教育程度来发送信号，并且每个工人都能受到一定程度的教育。受教育的程度用受教育年数 y 来表示。所有的教育都有成本，教育水平越高，成本也越高。这个成本包括学费、书本费、放弃的工资即机会成本，以及学习的努力和心理负担等。考虑到学习能力的差别，我们可以说，就同等学力而言，生产率低的一类人的教育成本要高于生产率高的一类人。因为生产率低的人要想通过一门课程所花费的精力代价要比生产率高的人高；在学分制的情况下，低生产率的人完成一定学分所花的时间比生产率高的人要多。

假定第 1 组即低生产率的人获得教育水平 y 的成本由下式表示：

$$C_1(y)=40\ 000y$$

第 2 组即高生产率的人的成本则是

$$C_2(y)=20\ 000y$$

现在工人们对受教育程度如何进行选择呢？他们的选择主要取决于受教育的收益与受教育的成本。假如厂商将工人分为两组，本科以上的人（以 4 年本科教育为界限）将得到 2 万元一年的工资，而本科以下的人得到 1 万元一年的工资。以 10 年计算，因四年本科教育而增加的收入 10 万元就是四年教育的收益。教育的成本在第 1 组是 16 万元，在第 2 组是 8 万元。显然，第 2 组的人教育的收益（10 万元）大于其成本（8 万元），愿意进行教育投资，并以本科学历发送信号，获得每年 2 万元的工资。第 1 组的人教育成本较高(16 万元),高于教育的收益(10 万元),因而放弃接受本科教育,接受每年 1 万元的工资。

厂商以教育程度作为生产率的信号,并且按此类信号来确定报酬水平时,该模型均衡的性质是怎样的呢?在这种报酬制度下,人们会如何选择自己的受教育程度呢?人们是在不接受高等教育(即 $y=0$)和接受厂商选定的教育水平(即 y',在上例中 $y'=4$)之间进行选择,由于任何教育水平低于 y'的人得到的都是一样的 10 万元的总收入(10 年),因此,接受高于 0 但低于 y'的教育而没有收益。同样,接受高于 y'的教育水平也没有收益,因为 y'足以使人享受到期望的 2 万元的总收入。人们接受多少教育,是由教育的收益与成本的比较决定的。如果教育的收益(即多受教育所增加的收入)大于接受教育的成本,人们就会选择接受教育。因此,均衡的状态是:提高生产率的人会选择接受四年大学教育来发送他们生产率的信号,以示与低生产率人的区别。而低生产率的人选择不接受任何教育。这是一种均衡状态,达到这种状态时人们不再有激励或力量改变自己的行动了。这种通过选择不同的行为来发送信号的均衡叫作分离均衡。分离均衡的条件在于能力越强教育成本越低这一关键假设上。正是因为不同能力的人接受教育的成本不同,教育水平才可能传递有关能力的信号。

另一种均衡是混合均衡。混合均衡意味着不同能力的雇员选择相同的教育水平,而得到相同的工资。就是说,假如雇主认为教育不传递信号,因而工资等于期望产出,按平均水平付给雇员工资,工资与受教育程度无关,那么雇员的最优选择是不接受教育。但是,如果雇主认为受教育的雇员一定是高能力的,上述混合均衡就不成立,结果就一定是分离均衡。而且这种分离均衡不是别的,就只能是能力强的人选择接受教育,而能力差的人选择不接受教育。

如果教育的确不提高生产效率,受教育者只是为了获得将自己与不能干的人区别开来的信号,分离均衡下的产量同完全没有信号下的产量是一样的。在这种情况下,信号的获得从社会的角度看便是一种浪费。从这个意义上说,人们把接受高等教育称作"昂贵的标签"。人们之所以想要获得这种"昂贵的标签",是因为外部效应的存在。如果没有这种信号发布,能干的人与不能干的人难以区分,能干的人就会因为不能干的人存在而受到压抑。这就促使他们为获得这种"昂贵的标签"而投资。虽然这种投资对社会没有带来效益,但是给个人带来较高的预期收益。

教育并不提高生产率的假设显然是有局限性的。在现实世界中,教育不仅提供了许多有用的专业知识,也提高了一个人的基本素质。同时教育也的确起到了信号作用,特别是在所学的专业与工作的性质无关的情况下。有些用人单位在招聘时,只要求应聘者具有大专以上学历,并不关心其所学专业,这时,学历更大程度上是作为信号而不是别的在起作用。

四、道德风险与激励

道德风险又称道德危险或道德祸因,是指市场中的一方不能察知另一方行动的情况，这里的信息不对称是一方对另一方有关行为的信息不对称，由于这里隐匿的是不利于对方的行动，所以又叫败德行为。

1. 保险业中的道德风险

前面说过，在保险业中道德风险问题出现得最多，当被保险方的行动（不采取防范措施的行动）影响到赔偿事件的可能性或程度时，就可以认为发生了道德风险。发生这种情况是因为保险人不能监督并察知被保险人的行为。如果保险人能够监督并察知被保险人的行为，就可以通过对具有这类行为的人索取更多保费的手段来限制甚至制止这种行为。在现实中，保险公司通常对建筑物内设有消防系统的工商企业实行不同的费率，对吸烟者和不吸烟者的健康保险收取不同的费率。但是在很多场合，保险公司不可能知道得更多。道德风险总是存在。

其实在保险业，道德风险很大程度上产生于全额保险。全额保险意味着由保险公司承担全部不可意料的成本，而投保人失去采取提防行动的激励。针对这一分析，保险公司设计出让投保人也承担一部分风险的机制。这就是在保险政策中安排一定的"免赔额"，在任何索赔中，投保人自己都必须支付这部分金额。通过这种使消费者支付部分赔偿金额的办法，保险公司就能让消费者始终有一种激励去采取提防行动。

2. 道德风险与资源配置

道德风险不只是会使保险公司遭受损失，同时从整个社会经济角度来看，它还造成了资源配置的无效率。例如，驾车人对其所驾驶的汽车投保时，如果发生道德风险，就会出现这种情况。一定时间里，比如一周，汽车行驶的路程与其行驶的成本之间存在依存关系，即行驶的路程越长，其成本也越高。因为在一定时间里，行驶的路程越长，发生意外损坏的可能性也越大。如果保险公司能够准确地知道汽车在一定时间里行驶过的里程数，就可以根据各辆汽车的行驶里程来确定它的保险费，从而增加由驾车人承担的驾车成本。问题是信息是不对称的，保险公司难以获知驾车里程，因而保险费不是由每周行驶的里程决定的。相反，驾车的成本与驾车里程之间存在负相关，即存在一条向右下方倾斜的行驶需求曲线。因为随着行驶成本的提高，有些人会改用其他交通工具。

如果驾车成本中包含保险费用，而且保险费用随车辆里程即使用强度而变化，那么，驾车人就会选择合适的行驶里程。如果加上保险费用后驾驶成本是每千米 1.5 元（其中 0.5 元是保险费），驾车人会选择比如每周驾驶 100 千米。如果保险费支出不随使用强度而变化，那么，如果需要，驾车人就会存在一种动机，增加每周的行驶里程，比如，每周跑 150 千米、160 千米，甚至更多。这种情况如果发生，那就改变了市场有效配置资源的作用。在上例中，在每千米 1.5 元的行驶成本中，包含了因事故赔偿、过度损耗等所需的费用，这个成本反映了全部社会成本。而当保险费不随行驶里程增加时，本该耗费的相当于保险费支出的这部分成本并未由驾车人承担，驾车人会选择对于自己最有利的里程数，使汽车行驶里程超过了从社会来看的最合适的里程数。这种道德风险实际上是利用信息不对称，悄悄地躲过了因额外行驶一定里程本该多负担的、为应付一定概率事故所需的部分成本。

3. 道德风险的克服

道德风险不仅存在于保险业，而且广泛存在于其他许多行业中，防止或减少道德风险是保证市场机制有效运行的重要措施和必要前提。在实际经济运行中，人们正在进行各种尝试和探索，试图找出克服道德风险的各种方式，由于隐匿行为的具体形式在不同的交易中是不一样的，因而克服道德风险的方式也各有不同。下面，以房屋装修业为例，探讨解决道德风险的出路问题。

房屋装饰工程中存在着大量信息不对称的情况，装修公司在装修人员素质、技术工艺水平、选用材料和是否遵守工艺要求等多方面拥有完全信息，而客户很少拥有这些信息。双方谈判所形成的契约是不完整的，人们不可能就每一个部位的质量和效果规定得滴水不漏。尤其是装修的效果不是立竿见影的，往往要经过一两个季节，其潜在的问题才能充分显示出来。装修业中存在的信息不对称大多数是典型的有关隐匿行为的类型，道德风险在这里表现得最为突出。装修公司可能使用价格低廉的劣质材料，更可能不按工艺要求，偷工减料。

如何减少装修业中的道德风险？近年来，在实践中人们逐步摸索出以下方法：① 找正规的装修工程公司，不找路边“游击队”；② 在谈判时，尽可能就工程质量要求谈得详尽并签署书面合同；③ 改变付款方式，将过去一般竣工即付全额人工费的方法改变为竣工时只付部分人工费，其余部分留待全面检验工程质量之后支付。采取以上原则进行装修交易的大都取得较好的结果。原因是：第一，正规装修公司讲声誉，采取明显有损声誉的机会主义行为的动机较小。如果客户日后发现工程质量问题，可以与之论理。第二，充分利用了合同机制。利用合同进行交易与仅就价格达成协议进行的交易有所不同，特别是多条款合同规定了交易的多种特性，对处于信息优势又有败德行为可能性的一方具有限制其自由行动的作用，可减少或避免道德风险。第三，延期交付部分工程款的做法，是对可能的败德行为的一种约束，它增加了败德行为的成本，具有可操作性。如果没有这一制约，由于工程质量问题发生的对客户进行赔偿的要求，就会因为交易成本过高而无法实现。

上述成套方法的实施是有条件的。家庭居室装修不像买食品，是经常反复进行的，消费者在这个领域多是经验不足的，因此很少有家庭能同时想到上述三个原则并全部采用。即使消费者都十分老到，装修公司能否接受上述方式还是问题。在装修业处于买方市场，消费者对装修公司有充分选择余地时，装修公司才有可能接受上述方式，特别是延期支付工程款的方式。因此，政府强制实施延期支付部分工程款项也许是有效的。延期支付的比例可以根据装修公司的信誉等级来决定，信誉等级越高，延期支付的比例越小。信誉可以提高收款比例并提高盈利率的激励，可以使企业更加重视信誉投资。

五、委托-代理问题

1. 委托-代理关系

代理人是行为人一方，委托人是影响行为人的另一方。从掌握信息的情况来说，代理人是掌握全面信息的一方，委托人则掌握的信息不足。委托人与代理人之间的信息不对称产生了激励问题，这就要研究如何激励代理人显露私人信息，特别是激励代理人减少或消除败德行为，使代理人的行为更加符合委托人的利益。委托-代理关系在社会中普遍存在，股东与经理、经理与员工、房东与住客、选民与人民代表、公民与政府官员、诉讼委托人与律师、雇主与雇工，甚至买者与卖者、债权人与债务人之间的关系，都可以归结为委托人与代理人的关系。市场经济中委托-代理关系是普遍存在的，代理人活动的质量直接影响到经济活动的效率，因此激励机制设计问题就成为经济学研究中的一个十分重要且具有普遍意义的问题。

2. 信息不对称与激励

(1) 信息不对称。

激励的困难在于存在私人信息和“不能观察投入”。影响人们经济活动结果的因素除了人的活动或努力，还有自然状态条件，这两类信息都呈不对称性分布，是代理人的私人信息，因此代理人工作的努力程度即使事后也无法观察。例如，企业亏损了，究竟经理的责任有多大？是他经营不善、管理无方，还是市场行情发生不可预料的突变？又如，工人干活常常可能是出工不出力，出力不出活，管理人员虽然可以记录某个职工工作的时间，但是不能计量出他出“力”的多少，职工可能抱怨工作环境、气候、前道工序的影响等自然状态不理想。激励的问题就是要设计出一个激励合同，诱使代理人在既定自然状态下选择对委托人最有利的行动，这种行动被称为激励相容。

(2) 信息不对称下的激励问题。

企业中的激励问题，是更为普遍而且面广量大的问题。企业中的激励机制可分为两个层次，第一是对企业员工的激励，第二是对企业负责人(厂长、经理等)的激励。激励的基本方式就是将代理人的报酬与那些可观察并且反映代理人工作努力程度的变量相挂钩。例如，计时工资制是以工作时间作为劳动投入量的替代指标，而计件工资则选用劳动成果作为替代指标。一般来说，劳动成果更能反映劳动投入量，所以，凡是能够用计件工资制的工厂都更倾向于使用这种制度，而不用计时工资制。在协作性的工作中，分工和工序的设计关系到劳动的考核难易程度。让每一个人独立地负责某一工序的工序设计，可以降低对劳动的观察成本。如果让两个人或更多的人共同负责一道工序，容易出现团队生产的“搭便车”问题。新古典经济学用边际生产率来解释工资水平是如何被决定的，但发展经济学家发现，在发展中国家，二者的关系似乎正相反：边际生产率决定于工资。后来人们发现这一判断似乎也适用于发达国家，特别是企业支付的工资高于工人的市场保留工资，这一现象与新古典理论的假设不相符。一种可能的解释是,过高的工资是为防止工人偷懒而采取的激励办法。当企业不可能时时监督工人的行为时,只有通过解雇偷懒工人的方式来解决偷懒问题,工资水平的提高意味着被解雇的机会成本增加,从而有利于减少工人偷懒的倾向。

用与努力相关的变量来确定报酬的激励合同是有效的,但是在现实中依然可看到固定工资制普遍存在。之所以如此,常常是因为代理人从事的工作不止一项,委托人对其有多种要求,代理人的努力是多维的。例如,工人的业绩不仅取决于其生产的数量,而且取决于产品的质量;企业经理不仅要注重当期利润,而且要考虑开拓市场,增加企业未来的盈利能力;教师不仅要教给学生基本知识,而且要通过其他各种环节培养学生的创造能力和提高他们的素质。当同一个代理人从事多项工作时,委托人对不同工作的监督能力是不同的,有些工作比另一些工作更难以监督。例如,考察产品的质量比考察产品的数量更难一些;考察企业未来盈利能力比观测企业当期利润更难一些;同样,考察教师对培养学生综合素质的努力情况比观察他上课的努力情况(数量和质量)要难得多。在这种情况下,坚持实行效率工资的做法,会产生对易于监督的工作激励过度的偏向,这会诱导代理人片面地将精力用于受到过度激励的方向,而忽视本来应该同样受到重视的其他方面。例如,片面强调利润指标的承包制,就会诱使承包人产生忽视企业发展后劲,拼设备、拼人力、竭泽而渔的短期行为。所以,当一个代理人从事多项工作时,不宜将激励仅用于可观测的项目。特别是如果委托人期望代理人在某项工作上花费精力,而该项工作又不可观测时,不应将激励用于任何其他工作。

(3) 激励的方式。

① 对占有剩余的所有权安排的激励。在各种激励机制中,占有剩余的所有权安排是最强烈的激励。观察一下出租车公司的激励机制就可以看到这一点。作为代理人的出租车司机,他的第一项工作是创造利润,第二项工作是维护和保养汽车。因为对汽车的维护和保养影响汽车这一资产的价值,当汽车的价值量大时,维持其价值的维护保养工作就更为重要。出租车公司对每个司机创造的利润是比较容易观测的,而对汽车的维护和保养却不易观察到(除了汽车严重受损)。如果汽车属于出租车公司,为了使出租车司机在汽车的维护和保养上也花些精力,那么出租车公司的最优选择就是不给司机任何激励,因为可想而知,那将导致低效率。如果让出租车司机自己拥有汽车,他就有内在的积极性维护和保养汽车,不用外部激励。这样,最有效的方式便是单纯根据其创造的利润数量进行激励。只要司机自己拥有汽车这一安排不会有大的风险,比如说不会遇到太大的经营风险和车价变化的风险(或者司机不太在乎这种风险),那么这种产权安排就是最有效的。所有权的基本功能就是激励,它使所有者通过对自己行为的可合理把握的预期来做出并实施决策。但所有权的安排并不是在任何场合都适宜的,正因为如此,信息与激励问题才显得格外重要。

② 对企业经营管理者的激励。在各种层次的激励中,对企业经营管理者的激励是最为重要的。在管理者和所有者是同一个体时,所有权提供了强烈的内在动力,因而不

存在外部激励问题。单一业主制的企业就是如此。可是，现代企业规模往往较大，而且管理需要专门人才，所有者与经营管理者的分离在所难免。在股份公司中，股权高度分散，股东不可能直接参加管理，必须聘请专职的管理者，这时，所有者股东成为委托人，总经理成为代理人。委托人与代理人的目标常常不一致。股东或其他形式的所有者关心的是企业的盈利和自己的投资收益，而经理却可能有其他的目标。他可能追求企业规模的扩大和自己社会地位的提高，也可能追求个人及职工货币收入和非货币收入的最大化。在经理具有与所有者、股东相对立的目标时，如何使拥有信息优势的经营管理者尽可能地努力工作、满足所有者的目标，就成为激励理论的主体部分。那么是什么约束经理人以及如何设立代理人业绩评价标准呢？1980 年前后，人们在解释这两个问题时提出了声誉理论和棘轮效应。

· 声誉理论。伦德纳和罗宾斯坦使用重复博弈模型证明，如果委托人和代理人之间保持长期的关系，代理人不可能用偷懒等损害委托人利益的方式来增加自己的福利。在这里，声誉效应起着决定性作用。如果代理人期待着与委托人的第二期合作，他必须在第一期努力工作，保持良好的业绩，以证明他是委托人值得信赖的合作者；如果代理人希望第三期的合作，他须继续努力，保持良好声誉。只要代理人期待与委托人之间有长期合作关系，而不是在一个不长的时期内结束这种关系，代理人就必须以其努力工作及其业绩赚得声誉。

另外一种市场因素的声誉理论则认为，经理人员之所以重视对自己行为的约束，确实是为了提高声誉。而提高声誉的直接原因是来自经理市场的竞争压力。法玛认为，在竞争的经理市场上，经理的市场经济价值即其收入决定于他过去的业绩。经理人员必须对自己的行为负完全的责任。因此，即使没有显性激励合同，经理也有积极性努力工作，以提高自己在经理市场上的声誉，从而提高未来收入。声誉模式的有效性取决于声誉的作用，后者至少依赖于两方面条件，首先，依赖于委托人与代理人之间存在着长期合作关系即重复博弈关系，换言之，一个不准备长期从事经理职业的人不会特别重视作为经理的声誉。其次，依赖于经理市场及其竞争性。

声誉激励方式是较弱的，它所能产生的作用主要是使代理人将自己的努力程度和工作业绩维持在保留住代理人职位的水平上。如果说，每年 10%的利润率或与此相应的一个利润额，就足以使某人继续担任总经理，那么他就可能没有足够的动力为争取更多的利润而奋斗。实际生活中，许多公司对总经理采取薪金加奖金的付酬方式，而奖金则与其公司实现的利润挂钩，其实质是对剩余索取权的分享。这种每一定额度利润中都有自己一份的激励方式，能够激励代理人充分发挥其才能。当然激励的强度与分享的比例和绝对数额有关。

· 棘轮效应。上述声誉理论实际上是对现实中经理人员为何会保持一定努力程度这一问题的解释，但它仍不能代替激励机制设计问题。激励机制设计面临的一个难题是如何设立代理人业绩评价标准。如果有了这种标准，委托人就可以据此对代理人进行考核并给予奖励。对于标准化的生产来说，可以通过消耗的时间、动作研究制定工作量定额。但管理者的工作完全是非标准化的，很难实现定额管理。在这种情况下，往往会以同一代理人过去的业绩作为考核的标准。这种标准的缺陷在于“棘轮效应”或“鞭打快牛”。代理人越努力，业绩越好，标准也越高。当代理人意识到这种棘轮效应时，就会根据预期来调整即降低自己的努力程度，以“调低”标准。当然，现实中“棘轮效应”不会是长期的无限的，代理人的消极抵制会促使委托人做出让步，承诺说话算数，最终使“棘轮效应”弱化。

· 声誉效应与棘轮效应的效果比较。声誉效应与棘轮效应虽然都是根据经理人员过去的业绩推断其经营能力，但是，在经理报酬的决定上有不同的作用。在声誉效应模型中，以往经营业绩被认为是经理人员经营能力的表征。假定所有者与经理人员之间准备长期合作，出于声誉的考虑，经理人员将在下一期合作中继续发挥自己已有的能力。依靠声誉效应，可以给予经理人员相对于其经营业绩的报酬。而在棘轮效应模型中，不存在或不考虑声誉效应，假设代理人的工作业绩与其工作能力即潜在工作业绩之间会有较大差距，代理人的努力程度决定这种差距的大小，而工作能力的信息只能靠以往的工作业绩来提供。因此，代理人过去的经营业绩便成为他自己进一步提高收入的障碍。

声誉效应与棘轮效应差别的主要原因在于是否重视声誉的作用。在声誉效应模式中，这一点得到充分肯定，即委托人重视其声誉的作用，相信代理人只要有能力，一定会全部发挥出来，实际努力与其潜在能力之间不存在重要差距。而棘轮模式不重视声誉的作用，并认定代理人经过激励后所能达到的业绩与其过去的业绩之间总有差距，也就是，只要有足够的激励和压力，代理人便能发挥出更大的潜力。这一假定在“棘轮”运转的最初一两个周期也许是合理的，但随着潜力的发挥，尚未发挥的潜力越来越少，代理人发挥边际潜力的成本不断上升，同时，其进一步努力的边际收益会因为棘轮效应而为下一周期更大的付出所抵消，因此“棘轮”不会长久运转。

【案例】

1973 年美国汽油市场

1973 年秋天的石油危机是导致美国经济萧条的最根本原因。这次经济萧条，按照官方说法，是从 1973 年 9 月开始的。1973 年 10 月到 1974 年 1 月，石油价格翻了四倍。

能源短缺和初期的节能措施并不仅限于美国，其他工业化国家也在寻找减少能源消耗的方法。瑞士、挪威、意大利和英国都禁止在周日乘船、乘飞机或者开车。在荷兰，居民的用电量如果超过了政府的限定会面临监禁。在英国寒冷的冬天，首相希思(Heath)要求广大民众在家只为一间房供暖，一家人就聚集在这间房取暖。

当日本和美国的厕纸出现短缺时，有趣的事情发生了。有人造谣说造纸的机器需要石油才能运转，所以各种各样的纸巾，包括厕纸这种不能少的东西，很快就会短缺。广受欢迎的电视公众人物强尼·卡森(Johnny Carson)在1973年12月19日对厕纸短缺的一句玩笑，无形之中导致了情况的恶化。为期3周的抢购卫生纸的风潮席卷美国，人们后来才意识到杂货店的货架上卫生纸总是存货充足。

通过视频的讲解，大多数人认为汽油危机归咎于OPEC提价，但经济学家认为这次汽油危机归咎于限制汽油销售价格的政府管制。为什么汽油上限价格会导致供需失衡？

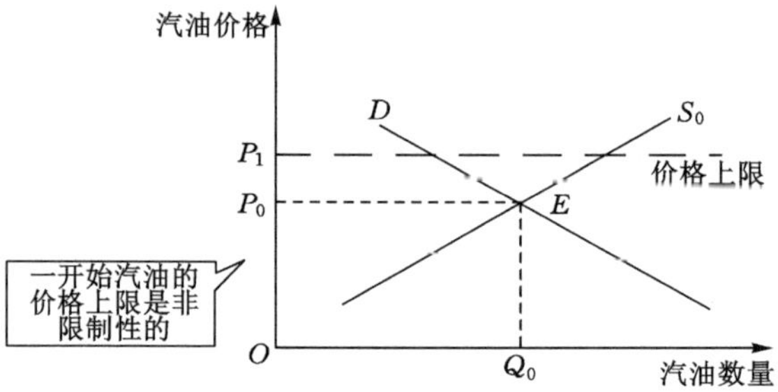

图 8-7 供需均衡曲线

图8-7中 D 和 S_0 形成了均衡点 E，均衡点 E 所对应的汽油价格为 P_0，汽油数量为 Q_0。在危机爆发之前，政府要求汽油价格不超过 P_1（价格上限），但是当时情况下汽油价格 P_0 低于 P_1，所以一开始汽油的价格上限是非限制性的，暂时没有出现短缺或过剩，没有爆发汽油危机。

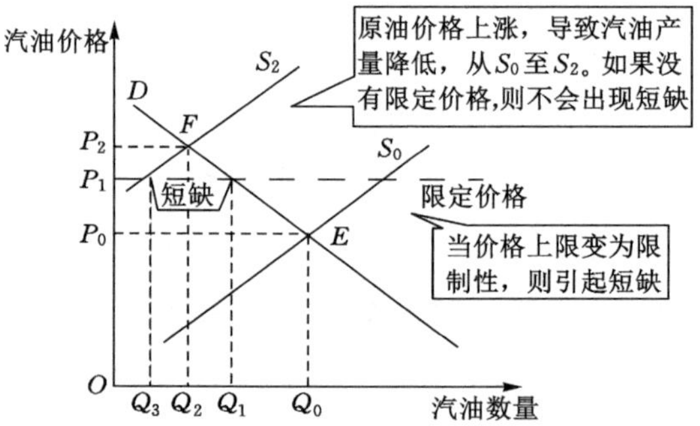

图 8-8 原油价格上涨后的供需曲线

图8-8中，OPEC想要提高石油价格，减少汽油的供给，供给曲线发生变化，从 S_0 至 S_2，价格由 P_0 到 P_2，均衡点由 E 到 F，均衡化价格为 P_2，均衡数量为 Q_2，由于美国当时政府设置的汽油价格最高限价为 P_1，P_1 低于 P_2，市场不能按照均衡价格出售，只能按照 P_1 出售，从图8-8中可知 P_1 的供给数量为 Q_3，而需求的数量是 Q_1，需求供给之间形成短缺，供给远远少于需求，因此经济学家才说限价导致短缺。

总结：在日常生活中，如果没有价格上限，均衡点只会上移，价格会上升一点。如果设置价格限制，需求供给之间会形成短缺。因此，经济学家认为汽油的短缺源于价格的上限。

第三节　外部效应

一、外部效应的含义

外部效应又称外溢作用，是指经济主体（包括自然人与法人）的经济活动对他人造成的影响而又未将这些影响计入市场交易的成本与价格之中。外部效应分为正外部效应和负外部效应。正外部效应是指某个经济主体的活动使他人或社会获益，而获益者无须为此支付成本，所以又称为利益外溢。负外部效应是指某个经济主体的活动使他人或社会受损，而造成外部不经济的人却没有为此承担成本，即该活动的部分成本由其他主体承担了，所以又称为成本外溢。消费活动和生产活动都有可能产生外部效应。消费者在自己的住宅周围养花种树，净化环境会使他的邻居受益，但是他的邻居并不会为此向他付费，这是典型的利益外溢。消费者在公众场合吸烟、扔垃圾等则会影响他人健康，但他并不会因此向受害者支付任何形式的补偿费，这是成本外溢。生产中的外部效应更是不乏其例。果园主扩大果树种植面积会使养蜂者受益，而养蜂者无须向果园主付费；在果树授粉期养蜂者同样使果园主受益，果园主也无须向养蜂者付费，这也是利益外溢。化工、钢铁、炼油等污染性行业的厂家在生产过程中排放出的废水、废气、废渣等污染物会给其他生产者与消费者造成损害，但是污染物的排放者却没有给受害者以应有的赔偿，这也是成本外溢。凡此种种均属于外部效应。

二、外部效应的影响

在竞争市场的分析中，帕累托效率是在经济活动不存在外部效应的假定下达到的。一旦经济行为主体的经济活动产生外部效应，即使假定整个经济是完全竞争的，经济运行的结果仍将不可能满足帕累托效率条件。外部效应使竞争市场资源配置的效率受到损失，“看不见的手”在外部效应的影响下失去了作用，导致市场失灵。

为什么外部效应会导致资源配置不当？原因非常简单。例如，我们先来考察正外部效应的情况。假定某个人采取某项行动的私人收益为 V_P，该行动所产生的社会收益为 V_S。由于存在正外部效应，故私人收益小于社会收益：$V_P<V_S$。如果这个人采取该行动所承担的私人成本 C_P（同时也是社会成本）大于私人收益而小于社会收益，即有 $V_P<C_P<V_S$，则他显然不会采取这项行动，尽管从社会的角度看，该行动是有利的。显而易见，在这种情况下，帕累托最优状态没有得到实现，还存在有帕累托改进的余地。如果这个人采取这项行动，则他所受损失部分为 (C_P-V_P)，社会上其他人由此而得到的好处为 (V_S-V_P)。由于 (V_S-V_P) 大于 (C_P-V_P)，故可以从社会上其他人所得到的好处中拿出一部分来补偿行动者的损失。结果是使社会上某些人的状况变好而没有使其他任何人的状况变坏。一般而言，在存在正外部效应的情况下，私人活动的水平常常

要低于社会所要求的最优水平，即配置于该活动中的资源数量比帕累托最优状态所要求的要少。

再来考察负外部效应的情况。假定某个人采取某项活动的私人成本和社会成本分别为 C_P 和 C_S。由于存在负外部效应，故私人成本小于社会成本：$C_P < C_S$。如果这个人采取该行动所得到的私人收益大于其私人成本而小于社会成本，即有 $C_P < V_P < C_S$，则他显然会采取该行动，尽管从社会的观点看，该行动是不利的。显而易见，在这种情况下，帕累托最优状态也没有得到实现，也存在有帕累托改进的余地。如果这个人不采取这项行动，则他放弃的好处即损失为 $(V_P - C_P)$，但社会上其他人由此而避免的损失却为 $(C_S - C_P)$。由于 $(C_S - C_P)$ 大于 $(V_P - C_P)$，故如果以某些方式重新分配损失的话，就可以使每个人的损失都减少，就是使每个人的"福利"增大。一般而言，在存在负外部效应的情况下，私人活动的水平常常要高于社会所要求的最优水平，即配置于该活动中的资源数量比帕累托最优状态所要求的要多。

图 8-9 具体说明了在完全竞争条件下，生产的负外部效应是如何造成社会资源配置无效率的（其他类型的外部效应亦可作同样分析）。图中水平直线 $D = MR$ 是某竞争厂商的需求曲线和边际收益曲线，MC 则为其边际成本曲线。由于存在着生产的负外部效应（如生产造成的污染），故社会的边际成本高于私人的边际成本，从而社会边际成本曲线位于私人边际成本曲线的上方，它由虚线 $MC + ME$ 表示。虚线 $MC + ME$ 与私人边际成本曲线 MC 的垂直距离，亦即 ME，可以看成所谓边际外溢成本，即由于厂商增加一单位生产所引起的社会其他人所增加的成本。竞争厂商为追求利润最大化，其产量定在价格（亦即其边际收益）等于其边际成本处，即为 X'；但使社会收益达到最大的产量应当使社会的边际收益（可以看成为价格）等于社会的边际成本，即应当为 X''。因此，生产的负外部效应造成生产过多，超过了帕累托效率所要求的水平 X''。

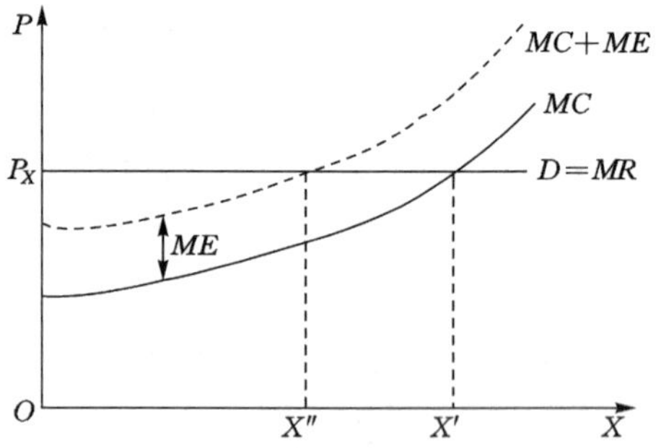

图 8-9　资源配置损失：负外部效应

为什么在存在外部效应的条件下，潜在的帕累托改进机会不能得到实现呢？原因在于存在外部效应时（无论是正的还是负的），经济活动的行为者与受到外部效应影响的其他主体之间难以达成相互满意的一致意见。以上述生产的负外部效应如污染问题为例，如果污染涉及面较小，即污染排放者只对少数其他人的福利造成影响，则此时污染排放者和少数受害者在如何分配“重新安排生产计划”所得到的好处这个问题上不易达成协议；如果污染涉及面较大，即污染的受害者众多，则此时污染排放者和受害者之间以及受害者相互之间要达成协议就更加困难。特别是在这种情况下，很难避免“搭便车”。此外，在很多情况下，有关污染问题的法律也无法明确，例如，污染排放者是否有权排放污染、有权排放多少污染？受害者是否有权要求赔偿？等等。最后，即使污染排放者与受害者有可能达成协议，但由于通常是一个污染排放者面对众多受害者，因而污染排放者在改变污染排放水平的行为上就像是一个垄断者。在这种情况下，由外部效应产生的垄断行为也会破坏资源的最优配置。

三、消除外部效应，实现资源优化配置

既然外部效应的存在会导致资源配置的低效率，那么，如何对它进行控制以避免（尤其是负外部效应所造成的）这种低效率配置的发生呢？下面着重以克服负外部效应来说明具体的解决办法

1. 政府干预

政府干预的方法主要有两种，一种是对排放污染的企业征收清污费，另一种方法是颁布污染排放标准。政府无论采取哪一种方法控制污染的排放，它都必须知道把污染控制在什么程度上才是合适的，所谓合适是指符合社会最优。

（1）最优污染程度的确定。

初看起来，污染程度为零当然是最优的，因为每个人都不想遭受哪怕只是很少的污染。但是，如果用经济学的观点来看待这个问题，零污染不是最优的。在一定的技术水平下，某些企业例如化工企业只要进行生产，就不可避免地造成污染，要想彻底消除污染，只有停止化工产品的生产。结果有可能给社会带来的损失可能要比零污染所带来的收益更大。因此，最优的污染程度只能是较轻的污染程度。用什么标准来衡量这一较轻的污染程度？如果说对于一个企业而言，其产出的最优条件是边际私人成本等于边际私人收益，那么对于整个社会而言，产出的最优条件是边际社会成本等于边际社会收益。由于治理污染也是一种生产活动，只不过其创造的产出是污染程度的降低，所以其产出的最优条件也是边际社会成本等于边际社会收益。

污染的边际社会成本与污染的边际社会收益是什么？在厂商的生产不产生外部效应的情况下，不存在私人成本与社会成本的区别，其私人成本就是社会成本。一旦厂商的行为产生负外部效应，厂商的私人成本不再等于社会成本。以化工产品的生产为例，化工厂产生的污染给农民造成损失，化工产品生产的全部成本应该是化工厂在生产中所耗费的成本加上其污染给农民造成的损失。为了便于分析最优污染程度的确定，需引入污染的边际社会成本与边际社会收益两个概念，如图 8-10 所示。

在图 8-10 中，横轴箭头向右表示化工产品生产中排放的污染量，箭头向左表示清洁程度。纵轴 MC 表示污染造成的边际成本或者降低污染所花费的成本。MSC_E 曲线

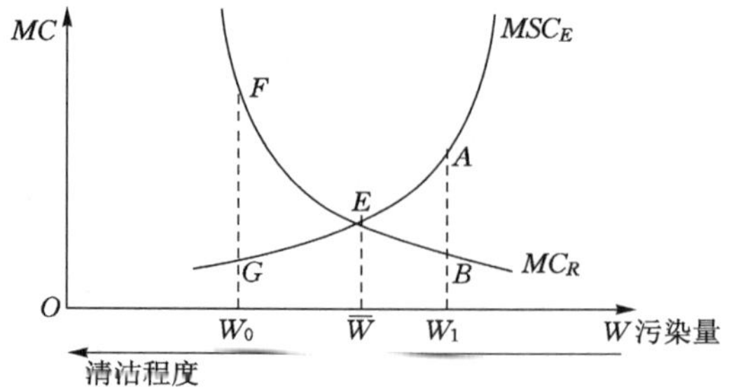

图 8-10　最优污染程度

表示污染造成的边际社会成本，曲线 MSC_E 等同于图 8-9 中的 ME 曲线。MSC_E 曲线向右上方倾斜，表示污染程度越严重，农民所遭受的边际损失越大。MC_R 曲线表示降低污染所花费的边际成本。降低污染的工作可以由企业做，也可以由政府做。例如，企业可以安装降低污染的装置或采用新的生产技术减少污染．政府可以在污染产生后清除污染等。不管降低污染的工作由企业做还是由政府做，都要花费成本。在不同的污染程度下，降低污染所花费的边际成本不同。在污染比较严重时，要使污染降低一个单位所花费的边际成本较小。随着污染程度的降低，每减少一单位污染所发生的成本增量越来越大。可以设想，当污染已经降低到还剩下最后一单位时，要彻底消除这最后一单位污染所耗费的成本增量将是惊人的。所以 MC_R 曲线向右下方倾斜。MC_R 曲线也可以解释为降低污染给社会带来的边际收益曲线，因为农民将会从化工厂降低的污染中受益。

显然，在污染所造成的边际社会成本与降低污染所产生的边际社会收益相等时决定最优污染程度。因此，均衡点是图 8-10 中 MSC_E 曲线与 MC_R 曲线的交点 E，对应于该点的社会最优污染量是 $\overline{W}$。E 点的右侧，污染程度较严重，污染所造成的边际社会成本大于边际社会收益，继续降低污染是有利的。例如，当污染量为 W_1 时，边际社会成本高出边际社会收益，其差等于 AB，继续降低污染将使社会受益。E 点的左侧，污染程度较轻，清除污染的边际成本（也就是清污产生的边际社会收益）大于污染本身所造成的边际社会成本，污染量可以适当扩大。例如，当污染量为 W_0 时，边际社会收益高出边际社会成本，其差为 FG，于是，增加化工产品的产量，从而允许污染量的扩大将使社会受益。直至达到 $\overline{W}$ 的污染量才是社会的最优污染程度。

（2）政府的清污费征收标准。

确定了最优污染标准后，政府可以以此作为制定政策的依据。以上述的化工产品生产为例，政府应该把化工企业的污染标准定为 W。如果企业的污染超出这一标准，政府将予以重罚，处以高额罚金。污染罚金的征收将会迫使企业安装降低污染的设备，从而保证企业的污染量符合社会最优标准。

政府也可以采取对排放污染的企业征收清污费的办法控制企业的污染排放，使其污染量符合社会最优标准。清污费是按照平均每一单位污染量征收的。在图 8-10 中，

对每一单位污染征 $\bar{t}$ 数额的清污费可以使污染符合社会最优水平，即达到 $\overline{W}$ 的水平。在单位清污费为 $\bar{t}$ 的情况下，无论污染量是超出 $\overline{W}$ 的标准，还是未达到 $\overline{W}$ 的标准，对于生产化工产品的企业来讲都是不利的。在污染量超出 $\overline{W}$ 标准的情况下，企业降低污染的边际成本低于清污费，企业减少污染是有利的，因为每减少一单位污染，企业都可以减少 $\bar{t}$ 数额的支出，而增加的降低污染的开支小于 $\bar{t}$。在污染量低于 $\overline{W}$ 标准的情况下，企业降低污染的边际成本高于清污费 $\bar{t}$，企业增加污染是有利的，因为每增加一单位污染，企业所节约的降低污染的开支都大于应交纳的清污费 $\bar{t}$。因此，企业宁肯上交清污费，也不愿意花费巨大的成本降低污染。只有使污染量达到 $\overline{W}$，才是企业的最优点。所以 $\bar{t}$ 数额清污费的征收使得企业的产出水平符合社会最优标准。由图 8-10 可以看出，符合社会最优污染标准的收费 $\bar{t}$ 等于最优污染程度 $\overline{W}$ 时的边际社会成本，即 $\bar{t}=MSC_E$。这种清污费称作庇古税，因为庇古在他的《福利经济学》一书中曾经讨论过这种税收。不管是制定污染标准，还是征收清污费，只要政府所掌握的信息是完全的，这两种政府干预措施所产生的结果就没有什么区别(假定两种措施产生相同的干预成本)。但是在政府所掌握的信息不完全的情况下，这两种干预措施所造成的结果是不同的。政府所要掌握的信息包括每个污染企业所造成的边际社会成本，企业降低污染的边际成本，降低污染所产生的边际社会收益等。如果政府不能确知每一个污染排放企业的边际社会成本、降低污染的边际成本以及边际社会收益，而使收费偏离社会最优收费，或者所颁布的污染标准偏离社会最优标准，则这两种干预措施所导致的结果就会产生很大的差别。究竟何种干预措施更好些，取决于不确定性的性质与成本曲线的形状。

2. 明确财产权

(1) 问题的提出。

明确财产权与以上所论述的政府干预不同。在财产权明晰化的基础上，通过市场交易而无须政府干预就可以解决外部性问题。在许多情况下，外部效应之所以导致资源配置不当，是由于财产权不明确。如果财产权是完全确定的并得到充分保障，则有些外部效应就可能不会发生。例如，某条河流的上游污染者使下游用水者受到损害。如果给予下游用水者拥有水源的财产权，则上游的污染者将因把下游水质降到特定质量之下而必须受罚。在这种情况下，上游污染者便会同下游用水者协商，将这种权利从他们那里买过来然后再让河流受到一定程度的污染。同时，遭到损害的下游用水者也会使用他出售污染权而得到的收入来治理河水。总之，由于污染者为其产生的负外部效应付出了代价，故其私人成本与社会成本之间不存在差别。

(2) 科斯定理与外部效应。

上述对付外部效应的办法，即规定财产权的政策，可以看作更加一般化的所谓科斯定理的特例。关于科斯定理，科斯本人并没有一个明确的说法，其他西方经济学家则给出了许多不同的表达方式。科斯定理的基本内容是：只要财产权是明确的和可自由交换的，并且其交易成本为零或者很小，则财产权的最初配置状态对于资源配置效率而言就是无关紧要的，即无论在开始时将财产权赋予谁，市场均衡的最终结果都是有效率的。

为了说明这一定理，举一个具体的数字例子。假定一个养牛场和个农场相邻，养牛场的牛跑到农场的田里吃农作物，给农场带来负外部效应。在这种情况下，假定交易费用为零，如果能够明确地界定财产权，纠纷双方就可以利用市场机制制定协议，以实现损失的最小化。假定界定养牛场的牛没有权利吃农场的农作物，则解决牛吃农作物的问题有两种办法：一是养牛人给予农场主 3 000 元赔偿，二是养牛人花费 3 500 元修筑栅栏以阻止牛吃农作物。在这种情况下，养牛人宁愿选择赔偿 3 000 元；但如果修筑栅栏的费用不是 3 500 元而是 2 500 元，那么养牛人宁愿选择修筑栅栏。相反，假定界定养牛场的牛有权利吃农场的农作物，而解决纠纷的方式或者是农场主忍受 3 000 元的损失，或者是农场主自己花费 3 500 元修筑栅栏，那么农场主将选择忍受 3 000 元的损失；但如果修筑栅栏的费用不是 3 500 元而是 2 500 元，农场主将愿意花费 2 500 元修筑栅栏。从以上分析可以看出，只要能够明确地界定财产权，负外部效应（即外溢的成本）可以内在化，成为养牛场或农场的成本。另外，从以上分析还可以看出，在完全竞争的条件下，只要能够明确地界定财产权，市场调节就可以有效地发挥作用。假定讨价还价的成本为零，即交易费用为零，只要能够明确地界定财产权而不论财产权是如何界定的，最终的结果都将是有效率的。假定交易费用不为零，如果能够明确地界定财产权，纠纷双方也可以通过协议找到交易费用最低的安排，以实现增加的产品价值超过所花费的交易费用。但是，如果交易费用很高，将难以达成协议，从而不能产生有效的效果。

在科斯定理之前，西方经济学家一般认为，市场机制这一“看不见的手”只有在不存在外部效应的情况下才会起作用。如果存在着外部效应，市场机制就无法导致资源的最优配置。科斯定理的出现则进一步强调了“看不见的手”的作用。按照这个定理，只要那些假设条件成立，则外部效应就不可能导致资源配置不当。或者换个说法，在所给条件下，市场力量足够强大，总能够使外部效应“内部化”，从而仍然可以实现帕累托最优状态。

(3) 科斯定理发挥作用的原因分析。

科斯定理就是对产权加以界定，进而促进资源优化配置的理论，为什么财产权的明确和可转让具有这样大的作用呢？按照西方学者的解释，其原因在于，明确的财产权及其转让可以使得私人成本（或利益）与社会成本（或利益）趋于一致。若以图 8-9 的生产污染问题为例，则科斯定理意味着，一旦所需条件均被满足，则污染者的私人成本曲线 MC 就会趋于上升，直到与边际社会成本曲线 $MC+ME$ 完全重合，从而污染者的利润最大化产量将从 X' 下降到社会最优产量水平 X''。

将财产权（如使用河流的权利）明确赋予某人，并假定该权利可以自由买卖，则财产权对所有者来说就是一件有价值的特殊商品。特别是在生产污染的例子中，财产权（即污染权或不被污染权）就是一种有价值的特殊生产要素。这种要素与资本和劳动一样，无论是生产者从市场上买到的还是自身原来拥有的，都是生产成本的一部分。如果是从市场上买来的，毫无疑问便构成成本的一部分。如果是自身原来就拥有的，则可以出售以获得收益。如果不出售而自己用于生产，则遭受的是本可从出售中获益的机会成本。因此，在这种情况下，生产者生产产品时就存在两种成本，一种是生产产品本身的成本，与其相对应的边际成本就是图 8-9 中的（生产的）私人边际成本曲线 MC，可称之为生产的边际成本；另一种是使用财产权所遭受的成本或机会成本，以及相应的使用财产权的边际成本。生产者的总成本应当是这两种成本之和。如果将使用财产权的边际成本加到生产的边际成本上去，则总的私人边际成本曲线就要从 MC 向左上移动，从而利润最大化产量就要小于 X'。在完全竞争条件下的理想均衡状态中，可以期望加入使用财产权的边际成本之后所得到的总的私人边际成本与社会边际成本相一致，从而私人最优产量与社会最优产量相一致。

运用科斯定理解决外部效应问题在实际中并不一定有效。有以下几个难题。首先，资产的财产权是否总是能够明确地加以规定？有的资源，例如空气，在历史上就是大家均可使用的共同财产，很难将其财产权具体分配给谁；有的资源的财产权即使在原则上可以明确，但由于不公平问题、法律程序的成本问题等也变得实际上不可行。其次，已经明确的财产权是否总是能够转让？这就涉及信息是否充分以及买卖双方能否达成一致意见等各种问题，如谈判的人数过多、交易费用过高、谈判双方都能使用策略性行为，等等。最后，明确财产权的转让是否总能实现资源的最优配置？显然，在这个过程中完全有可能得到这样的结果：它与原来的状态 X' 相比有所改善，但并不一定正好为 X''。此外，还应该指出分配财产权会影响收入分配，而收入分配的变动可以造成社会不公平，引起社会动乱。在社会动乱的情况下，就谈不上解决外部效应的问题了。

3. 合并企业

合并企业是解决外部效应问题而使资源配置符合帕累托效率的另一种办法。这种办法既可能产生于外部效应制造者与受外部效应影响者之间的资源交易，也可能产生于政府的干预。

例如，一个企业的生产对另外一个企业产生了外部效应。如果这种外部效应是正的，则第一个企业的生产就会低于社会最优水平；反之，如果这种外部效应是负的，则第一个企业的生产就会超过社会最优水平。但是如果把这两个企业合并为一个企业，则此时的外部效应就“消失”了，即被“内部化”了。合并后的单个企业为了自己的利益将使自己的生产确定在其边际成本等于边际收益的水平上。而由于此时不存在外部效应，故合并企业的成本与收益就等于社会的成本与收益。于是，资源配置达到帕累托最优状态。

4. 界定共有财产

共有财产是指那些没有明确所有者，人人都可以免费使用的财产，包括共有资源，比如海洋、湖泊、草场等资源。只要财产权是明确的，就可以有效地解决外部效应问题。

如果财产权界定不清，外部效应问题就难以解决。在财产为公众共有的情况下，共有财产通常会受到过度使用。以公共湖泊上的捕鱼为例，可以说明财产权界定不清如何导致共有财产的滥用。

图 8-11 横轴表示捕鱼者的捕鱼数量，纵轴表示捕鱼者的成本与收益。图中，*AR* 曲线是捕鱼者的平均收益曲线。*MR* 是捕鱼者的边际收益曲线。*MPC* 是捕鱼者的私人边际成本，*MSC* 是捕鱼者的社会边际成本。由于社会边际成本等于私人边际成本加私人捕捞给社会造成的成本，因此，*MSC* 曲线位于 *MPC* 曲线的上方。为了方便讨论，假定私人边际成本与社会边际成本都是常数。每个捕鱼者在追求个人利润最大化目标时，总是使捕鱼量达到 Q_P 点，在捕鱼量达到这一水平时，私人边际成本等于私人边际收益。从社会角度来看，最优捕捞量应该是 Q'，因为在这种捕捞量下，社会边际成本等于社会边际收益。但是如果没有有效的监督与管理，公共湖泊中只会导致滥捕滥捞。公海上出现的滥捕滥捞现象，正是因为公海的资源缺乏明确的财产权，如果能够对共有财产的财产权进行重新构造，使之界定明确，则可以改进资源配置的效率。如果无法界定财产权，则必须通过法律或行政手段进行严格控制，才能使共有财产免遭滥用。

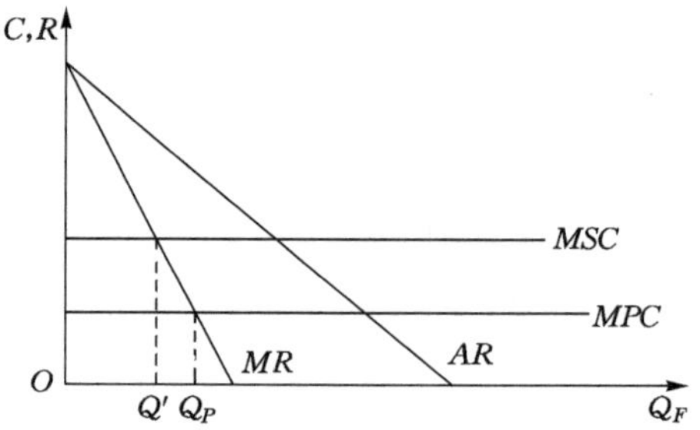

图 8-11　共有财产的滥用

第四节　公 共 物 品

一、私人物品和公共物品

1. 私人物品和公共物品的概念

经济学主要讨论的是私人物品——普通市场上常见的那些物品，例如，用于吃的食品、用于穿的服装、用于日常生活的个人用品，等等。私人物品是那种数量将随任何人对它的消费增加而减少的物品。它在消费上具有两个特点。第一是竞争性，如果某人已消费了某个商品，则其他人就不能再消费该商品；第二是排他性，只有按商品的价格进行了支付的人才能消费该商品。实际上，市场机制只有在具备上述两个特点的场合才真正起作用，才有效率。

公共物品则是指那些在消费上具有非竞争性和非排他性的物品。非竞争性是指，对于任一给定的公共物品，增加额外一个人消费该物品不会引起该物品成本的任何增加，即消费者人数的增加所引起的产品边际成本等于零。公共物品这一特征不同于私人物品。当产品是私人物品时，增加一个消费者就要增加产品的数量，从而增加产品生产的成本。公共物品一旦用既定的成本生产出来以后，增加消费者数量也不需要额外增加成本。典型的例子是海上的航标灯。航标灯一旦建起以后将为所有过往的船只指示航向，增加过往船只的数量并不需要额外增加维持航标灯的成本。

2. 公共物品的特征

(1) 非排他性。

非排他性是指只要某一社会存在公共物品，就不能排斥该社会上任何未为此付费的人对该种物品的消费，即无法排除“搭便车”。非排他性表明要采取收费的方式限制任一个消费者对公共物品的消费是非常困难的，甚至是不可能的，或者这样做的成本过高而使之得不偿失，从而使得任一个消费者都可以免费消费公共物品。典型的例子是国防。一国的国防一经设立，就不能排斥该国任何一位公民从国防中受益。公共物品这一特征与私人物品形成鲜明对照。在私人物品场合，产品的排他性是很强的。一个人消费某种产品，另一个人就不能同时消费这一产品。两个人不能同时戴一顶帽子，穿同一双鞋子。由于排他性，私人物品可以采取收费的方式调节消费者的消费。在市场交易中，任何一个人若不付费，就可以排斥他对私人物品的消费(假定不存在外部效应)。

(2) 非竞争性。

非竞争性是指当增加一个人消费某产品时，该产品的边际成本为零，如法律、国防等；反之，则该产品在消费上具有竞争性，如服装等。非竞争性又译为“非对抗性”、“非争夺性”或“非相克性”等。它包含三层含义：

① 同一单位的公共产品可以被许多人消费，它对某一个人的供给并不减少对其他人的供给；

② 某人享用该公共产品得到收益并不减少其他人享用该产品所得到的收益，也就是说根本不会带来“拥挤成本”；

③ 公共产品一旦被提供，消费者的增多并不导致该公共产品生产成本的增加，也就是说，生产方面无须追加资源的投入来增加供给。

严格地讲，只有同时具备非竞争性和非排他性两种特征才是真正的公共物品。但是，现实生活中同时具备这两种特征的公共物品并不多。国防通常被认为是同时具有这两种特征的公共物品。海上的航标灯一般也被认为同时具有这两种特征。有些产品只具有两种特征的其中一种特征。例如，公路上的桥梁具有非竞争性，但却不具有非排他性。在交通的非高峰期，增加额外一辆车通过桥梁所引起的边际成本近似于零。但是通过设立收费卡却可以排斥任何不交费的车辆通过桥梁。在共有的湖泊上捕鱼是非排他性的，但却不是非竞争性的。只要湖泊是社会成员共有的，就不能排斥任何一个捕鱼者在湖中捕鱼,但是捕捞者的不断增加会减少湖内可供捕捞的鱼的数量,这无疑会增加每一个捕鱼者的成本。

3. 公共物品的分类

不同公共物品的非竞争性和非排他性的程度是不同的。根据非竞争性与非排他性的程度,公共物品又被进一步划分为纯公共物品和准公共物品。

纯公共物品具有完全的非竞争性和完全的非排他性。准公共物品只具有局部的非竞争性和局部的非排他性。国防、疾病控制等可以被视为纯公共物品。桥牌俱乐部、围棋俱乐部等可以被视为准公共物品,因为这类产品或服务只在一定范围内具有非排他性(只对俱乐部成员才是非排他的)与非竞争性(如俱乐部成员人数增加太多会造成拥挤成本)。现实中纯公共物品种类较少,准公共物品种类较多。以下讨论中,无论是纯公共物品,还是准公共物品,统称为公共物品。

4. 公共物品的供给

对于纯公共物品,需要由政府来提供。例如,国防、公共教育、疾病控制、社会治安,以及不能收费的桥梁、道路、公路等,具有完全的非排他性和非竞争性,私人厂商不会生产这些物品,只能由政府来提供。政府可以通过征税的方式取得收入,然后用于提供这些公共物品。

对于准公共物品,部分仍需要政府提供。例如,机场、港口、铁路等基础设施具有一定的排他性。私人厂商可以投资建造这些基础设施,然后对使用这些基础设施的航空公司、航运公司、铁路公司收取费用。但是,这类基础设施投资数额高,回收期限长,利润率不高,私人厂商不愿意建造。因此,这类公共物品还需要由政府提供。对于另外一些准公共物品,则可以由私人厂商提供。例如,部分可以收费的公路、桥梁、过海隧道等,虽然投资数额较大,但是利润率较高,可以由私人厂商建造。但是,在某种情况下,这类准公共物品由私人厂商提供会造成经济效率的损失。例如,消防队可以对居民收费,因而消防服务具有一定的排他性。然而,提供消防服务的边际成本是很低的,在一定的范围内增加服务对象并不会增加过多的服务成本。但是,如果在这个范围内居民不缴纳费用将得不到消防服务,那么势必造成经济效率的损失。

得注意的是,不要把公共物品与政府提供的物品相混淆。政府确实提供国防、环境保护等不具有消费竞争性的物品,这些物品中有些甚至还不具备排他性特征。但是,政府也提供其他物品或服务,如养老金、失业补助、金融服务、邮政服务以及其他某些与私人企业所生产的完全相同的东西等,这些物品或服务显然在消费上是竞争性的。

二、私人物品和公共物品的最优数量

1. 私人物品的最优数量的决定

为简单起见,假定社会上只有 A 和 B 两个消费者,他们对商品的需求曲线分别由 D_A 和 D_B 表示。商品的市场供给曲线为 S,参见图 8-12(a)。由于所讨论的是私人物品,

故将消费者 A 与 B 的需求曲线水平 D_A 和 D_B 相加即得到某市场需求曲线 D。市场需求曲线 D 与供给曲线 S 的交点，决定了该私人物品的均衡数量 Q_0 和均衡价格 P_0。这个均衡数量 Q_0 显然就是该私人物品的最优数量。这是因为在这个产量水平上，每个消费者从该商品消费中所获得的边际收益恰好等于支付的边际成本。供给曲线代表了每个产量(供给量)水平上的边际成本，需求曲线代表了每个产量(需求量)水平上的边际收益。故当供给量为 Q_0 时，边际成本为 Q_0H；而在价格为 P_0 时，消费者 A 和 B 的需求量分别为 C 和 F，再根据需求曲线 DA 和 DB，相应的边际收益为 CE 和 FG。由图可知，$CE=FG=Q_0H$，即每个消费者的边际收益均等于边际成本。

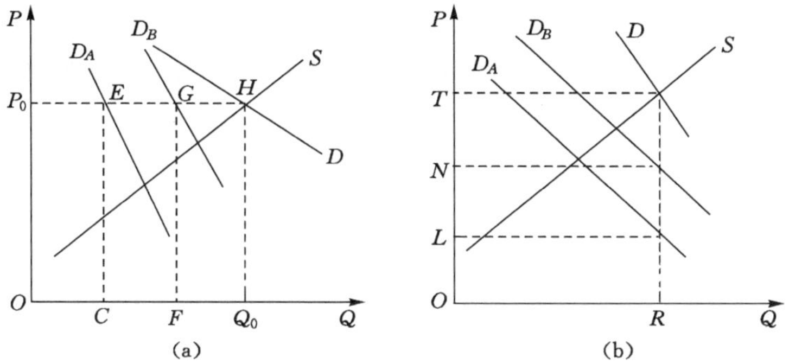

图 8-12　私人物品和公共物品的最优数量

2. 公共物品的最优数量决定

公共物品的数量决定参见图 8-12(b)。与私人物品的讨论一样，我们仍然假定每个消费者对公共物品的需求曲线是已知的，为 D_A 和 D_B，公共物品的市场供给曲线为 S。如何从个人的需求曲线形成市场的需求曲线呢？与私人物品不同的是，公共物品的市场需求曲线不是个人需求曲线的水平相加，而是它们的垂直相加。之所以如此，原因在于公共物品消费上的非竞争性特点。由于消费上的非竞争性，每个消费者消费的都是同一个商品总量，因而每个消费者的消费量都与总消费量相等；另一方面，对这个总消费量所支付的全部价格，却是所有消费者支付的价格的总和。例如，设公共物品的数量为图 8-12(b)中的 R，于是，消费者 A 和 B 的消费量都是 R。当 A 和 B 的消费量均为 R 时，他们所愿意支付的价格按各自的需求曲线分别为 L 和 N。因此，当消费量为 R 时，消费者所愿意支付的价格之和就是 $L+N=T$。

按照公共物品的市场供求曲线，则公共物品的均衡数量即可决定，这就是市场供求曲线交点所指示的 R。实际上，这个均衡数量 R 也代表着公共物品的最优数量。要解释这一点并不困难。当公共物品数量为 R 时，根据供给曲线，公共物品的边际成本为 T，而根据消费者的需求曲线，A 和 B 的边际收益分别为 L 和 N，从而总的社会的边际收益为 $L+N=T$。于是，社会边际收益等于边际成本，公共物品数量达到最优。这里值得注意的是，公共物品的最优标准与私人物品的最优标准不完全相同。在私人物品场合，最优标准是每个消费者的边际收益与边际成本相等。而在公共物品场合，最优标准是每个消费者的边际收益之和与边际成本相等。这个区别仍然是根源于是否具有消费的非竞争性这个基本特点的。

三、市场失灵

前面在假定每个消费者对公共物品的需求曲线均存在且已知的条件下，讨论了公共物品的最优数量的决定。但是，许多经济学家认为，这种讨论并没有多大的实际意义，原因是公共物品的需求曲线是虚假的。首先，单个消费者通常并不很清楚自己对公共物品的需求价格，更无法去准确地陈述他对公共物品的需求与价格的关系；其次，即使单个消费者了解自己对公共物品的偏好程度，他们也不会如实地说出来。为了少支付价格或不支付价格，消费者会低报或隐瞒自己对公共物品的偏好。他们在享用公共物品时都想“搭便车”，不支付成本就得到利益。由于单个消费者对公共物品的需求曲线不会自动显示出来，故无法将它们加总得到公共物品的市场需求曲线并进而确定公共物品的最优数量。

尽管在实际上难以通过公共物品的供求分析来确定它的最优数量(R)，但有一点是可以肯定的，市场本身提供的公共物品通常将低于最优数量，即市场机制分配给公共物品生产的资源常常会不足。在竞争的市场中，如果是私人物品，则市场均衡时的资源配置是最优的。生产者之间的竞争将保证消费者面对的是等于商品的边际成本的价格，消费者在既定的商品产出量上展开竞争。某个消费者消费一单位商品的机会成本就是在市场价格上卖给其他消费者的同样一单位商品，故没有哪个消费者会得到以低于市场价格而买到商品的好处。但是，如果是公共物品，即使它是可排他的，情况也将完全不同。任何一个消费者消费一单位商品的机会成本总为零。这意味着，没有任何消费者要为他所消费的公共物品去与其他任何人竞争，因此，市场不再是竞争性的。如果消费者认识到他自己消费的机会成本为零，他就会尽量少支付给生产者以换取消费公共物品的权利。如果所有消费者均这样行事，则消费者们支付的数量就将不足以弥补公共物品的生产成本，结果便是低于最优数量的产出，甚至是零产出。

四、公共物品和成本-收益分析

多数公共物品的生产和消费问题不能由市场上的个人决策来解决。因此，必须由政府来承担提供公共物品的任务。政府如何确定某公共物品是否值得生产以及应该生产多少呢？在这里，经常被提到的一个重要方法是成本-收益分析。

成本-收益分析是用来评估经济项目或非经济项目的常用方法。它首先估计一个项目所需花费的成本以及它所可能带来的收益，然后把二者加以比较，最后根据比较的结果决定该项目是否值得。公共物品也可以看作一个项目，并运用成本-收益分析方法来加以讨论。如果评估的结果是该公共物品的收益大于或至少等于其成本，则它就值得生产，否则便不值得。

第五节　政府失灵

经济学家认为，市场经济不是完美无缺的，它存在许多缺陷，因而需要政府的调节作为补充。政府介入市场，行使其经济职能，旨在纠正市场失灵，使资源得到有效的配置。政府的许多努力确实卓有成效，但政府并非万能的，也会有失灵或失败。在某些经济领域或许存在市场失灵，但政府的介入可能使情况变得更遭，这便是政府失灵。

政府本身的运行也是通过人来进行的。政府行为取决于选举者、政治家、公务员等的行为。这些人的行为动机不同而且复杂，但从根本上看，他们都是在资源有限的情况下，试图通过政府来提高自己的福利。

特殊利益集团为使政府出台有利于他们的政策，不惜花费大量的时间和经济资源去影响立法，尽管这些政策对整个社会而言可能并不有利。政府对垄断行业的管制会提高社会福利，而政府对竞争行业的管制会使竞争行业中的企业或个人受益，长期稳定地获取经济利润。例如，美国的农业属于竞争行业，政府对农产品实行保护价格政策的管制提高了农场主的收入（即有经济利润）。但消费者利益会受到损害，其损失一般大于农场主的获利。对竞争市场的管制就是政府失灵的一种表现。政府对竞争行业的管制造成政府失灵的问题为什么难以解决呢？其中一个重要的原因在于利益集中而成本分散。例如，美国政府对生产食糖企业实行补贴，补贴额每年高达 25 亿美元，平均每个企业每年因此增加收益 13.6 万美元，但纳税人和消费者每人每年只损失大约 10 美元。补贴利益集中于大约 1 800 家食糖生产企业，而补贴的成本却分散到 2 亿多纳税人和消费者身上。受害者不会因如此低的成本而联合起来反对政府的该项政策。而少数受益企业却有足够的动机游说政府实施或保证该项政策。政府也获得了受益者的支持（选票）却不会因此失去受害者的选票。

政府对垄断和寡头行业的管制能够把垄断和寡头行业的垄断利润转化为政府的财政收入，然后进行再分配。但是，如果管制是对竞争行业进行的，则会为私人企业带来垄断利润。能够带来超额垄断利润的权力本身可以被视为一种稀缺的、排他性的资产，而这一资产所能带来的垄断利润，事实上构成了一种租金。它同任何其他资产，如土地能为其所有者带来租金一样。因此，对垄断权力的追求，特别是对政府管制的需求，实际上就是一种对租金的需求。所以，为求得到政府管制的种种保护就被称为寻租活动。寻租活动包括院外游说、广告宣传、资助政治家竞选、贿赂政府官员，等等。

寻租活动显然是要花费成本的，竞选资助费、广告宣传费、贿赂金以及其他时间、金钱上的支出，都属于这种寻租成本。私人企业就是以这种成本来“购买”政府管制和由此而产生垄断利润的，这事实上也是政府管制的需求价格。理论上，这种价格也有一个均衡值，由寻租的边际成本与其边际收益（垄断利润增量）相等这一边际条件所决定。

从总量关系上看，寻租成本一般只占垄断利润的一部分，而不是全部，否则企业就不会去追求政府管制。或者说，它只是拿出垄断利润的一部分去向政府官员购买他所需要的管制。寻租成本的支付对于私人企业来说是值得的——通过这种支付，它买到了稳定的、有保障的超额利润收入，因此，对私人企业来说，这种成本支出是“生产性的”——它为私人企业“生产”出超额利润。但是，从社会角度看，这部分支出是非生产性的——它没有生产出任何新的产品，只是使私人企业把更大的一部分国民收入占为己有。因此从社会角度来讲，这种支出是纯粹的浪费，私人企业由此获得的收入被称为非生产性利润收入。它的存在是经济资源无效率的又一个原因。

除了上述原因外，政府部门效率的缺乏和政策实施的困难也是造成政府失灵的重要因素。一般认为，在私人部门里，厂商缺乏效率就会被市场淘汰。但是，在政府部门里，官员缺乏效率则很少被罢免。在政府部门中没有一种压力能像私人部门中市场惩罚的压力那样推动人们提高效率，政府部门往往是缺乏效率的。政府部门对决策的成本和收益很少认真地核算，因而容易造成社会资源的浪费。此外，在做出经济决策的时候，政府难以掌握充分的信息。即使政府能够掌握充分的信息，按照目前经济学的发展水平也难以做出准确的判断。即使政府做出准确的判断，也难以掌握政策实行的程度。因此，政府在政策的制定和实施过程中存在许多困难，不可避免导致在某些经济领域的政府失灵。

【本章小结】

完全竞争的市场经济可以实现帕累托最优，但完全竞争并不能自然而然地导致资源最优配置和社会福利最大化，完全竞争均衡往往是一种非充分就业均衡或帕累托非效率均衡。

非对称信息是指市场上买方与卖方所掌握的信息是不对称的，常导致经济活动即交易的低效率，所以有必要对不完全竞争加以管制。

外部效应分为正外部效应和负外部效应。外部效应的存在会使竞争市场资源配置效率受损，导致市场失灵，所以要消除外部效应，实现资源最优配置。

公共物品是相对于私人物品而言的，公共物品是指那些在消费上具有非竞争性和非排他性的物品。根据其特征，公共物品又被进一步划分为纯公共物品和准公共物品。

市场经济不完美，需要政府调节；但政府也不是万能的，会存在政府失灵。

【思考题】

1. 什么是市场失灵？市场失灵的影响有哪些？

2. 分析市场失灵产生的原因并举例加以说明。

3. 什么是“逆向选择”和“道德风险”？请举例分析说明。

4. 什么叫外部效应？外部效应有哪些影响？如何消除外部效应？

5. 简述公共物品的概念和基本特征,并举例说明公共物品的类型。

6. 什么叫政府失灵?政府失灵的影响和措施有哪些?

【拓展阅读】

日本排放核污水30年的公地悲剧

2023年8月24日13时,日本政府无视国内民众的广泛质疑与国际舆论的强烈反对,强行启动了福岛第一核电站的核污染水排海计划,拉开了核污染水排海30年的序幕。毫无疑问,这一天将成为世界海洋的灾难日,也必将是人类的灾难日。

2023年三次排海结束时,流入大海的核污水累计超过2.3万吨。第四轮核污染水排海将于2024年2月下旬开始,排海总量预计为7 800吨,将于3月结束。

尽管目前已经排放了2.3万吨核污染水,但福岛第一核电站的"存量"水仍多达约133.55万吨。加之每天冷却堆芯仍会产生"增量"核污染水约170吨,年"增量"就约达6.2万吨,若以30年实现废炉来计算,就高达约186.15万吨。于是,"增量"与"存量"合计约为320万吨。国际医生防止核战联盟(IPPNW)德国分部的约格·施密德就此指出,无论东电公司如何稀释核污染水,都不会改变排向大海的放射性物质总量。

30年漫长排放才刚刚开始,全球经济、政治、生态都为此蒙上了深深的不确定性。唯一可以确定的是,日本"排污入海"就是一场典型的"公地悲剧"。

福岛核电站问题不断

按照日本政府和东电公司的公开解释,其向海洋排放的水是"ALPS处理水",这种水经过了多核素处理系统(ALPS)处理,"完全符合安全标准"。并声称该系统"唯一"无法去除的放射性物质是"氚",不过因为在排放前将与海水进行混合稀释,所以最终排放的"处理水"每升所含氚浓度不及日本国家安全标准的四十分之一(即1500贝克勒尔)。而且东电公司自称在福岛第一核电站周边3公里之内设置了10个监测点,每天对排放水进行监测,次日公布分析结果。此外,东电公司宣称,它设定了以"700贝克勒尔/升"为停止排放判断标准,也就是说,一旦氚浓度出现异常值就立即停止排放。

表面上看,日本政府和东电公司似乎已为排海做足了功课,但随着排放的继续,排放设备的安全性备受关注。2023年12月中旬,日本东京电力公司确认,在福岛第一核电站2号机组进行废炉作业一名工作人员的鼻腔内,检测到了约为标准水平17倍的放射性物质,并存在所谓"内照射"的可能。

其实这样的事情已经不是第一次发生了。10月25日,东电称,在福岛第一核电站进行核污水处理工作的4名作业员,被核污水溅射。

无独有偶,东电还曾在第二批核污水排放期间发布消息称,用于输送核污水的水泵压力一度降低,原因是水中含有的锈附着在过滤器上,引发了堵塞。一连串问题,进一步引发外界对排放设备安全性的担忧。

由于核污水排海的监督工作面临着持续性、长期性、严密性、透明性等多重考验，一旦出现问题就将“覆水难收”，而且作为史无前例的大规模排放，也存在现有技术手段与科技水平无法检测或推断的未知可能。

“公地悲剧”

事实上，日本排海的核污染水不同于一般核废水，这些所谓的“处理水”是接触过严重受损的核反应堆芯的核污染水。除了一般核电站废水常见的放射性元素外，福岛核事故还多了钚、锶、铯等“超铀”放射性物质。

此次核污染水排放周期超过 30 年，由于核辐射物质半衰期都很长，二者叠加的风险非常高。以东电公司声称其 ALPS“唯一”不能去除的氚物质为例，其半衰期为 12.3 年，将之与核污水排放周期叠加之后，时间长度就超过了 40 年。而且，锶 90、碘 129 和铯 137 等放射性物质的半衰期更长，它们残留在骨骼、牙齿、甲状腺与肌肉中会长达几十年，将造成更大的辐射剂量。国际环保机构绿色和平组织日本办公室的资深核专家肖恩·伯尼就指出，外泄的东电公司内部文件证明，即使通过 ALPS 系统处理，也无法将碘、钌、铑、碲、钴和锶等放射性元素减少到“无法检测”的程度。

“排污入海”最先冲击了经济领域，尤其是福岛当地渔业与旅游业。“排污入海”的持续展开，也必将波及世界经济。12 年前的福岛核事故爆发，当时福岛地区食品检测结果是 53%超标，造成福岛县沿岸所捕获水产品的一半以上不能上市流通。而且福岛第一核电站附近海域的辐射浓度更高，直到 2022 年 4 月捕获鱼类的检测数值仍超过 248 Bq/kg，是《日本食品卫生法》规定标准值的 2 倍以上。

尽管日本政府专门设立 800 亿日元基金以支持渔业，但核污水排入太平洋后，再次给当地渔业带来巨大冲击，多地渔民纷纷向东电提出索赔要求。在我国明确反对日本“排污入海”后，日本水产对华出口大幅减少。

事实上，受影响的不止于日本渔业，这场全球渔业的风暴牵动了供应链的每个环节，将会对水产业的生产、加工和出口带来很大冲击。对于全球渔业来说，尤其是许多以渔业为主要产业的小岛国和全世界其他地区靠渔业为生的人们，这种负面影响将长期存在。

旅游业同样受到波及。除了“排污入海”事件漩涡中心的福岛县，周边的秋田县、山形县、宫城县的游客人数也都出现了严重下滑。

当然，日本“排污入海”这场“公地悲剧”的最大危害恐怕还在于其对全球治理的负面影响。海洋毕竟是全人类的共同财产，人类终将为自身的错误行为付出沉重而惨痛的代价。

（参见陈冰：《日本排放核污水 30 年的公地悲剧》，《新民周刊》2023 年 12 月 27 日。有改动）

【思案互动】 在处理如核污水排放这类敏感问题时，如何提高公众参与度，确保决策过程的透明度，以及如何平衡不同利益相关者的权益？

第九章　公平与效率

【学习要求】

本章内容主要包括公平与效率的含义及其关系。通过本章的学习，掌握收入分配中的公平与效率相关内容，包括公平与效率的含义、不公平的根源以及二者的替代关系学说，了解现代福利国家的福利政策。

【学习重点和难点】

重点：公平与效率定义及其替代关系学说。

难点：公平与效率的实际应用。

公平与效率问题是福利经济学的核心问题(事实上也是整个经济学的核心问题)，也是福利经济学家们长期争论不休，至今得不出一个统一答案的问题。围绕这个问题的争论主要集中在以下几方面：什么叫公平？什么叫效率？如何衡量一个经济社会的公平与效率？福利经济学要不要同时研究公平和效率？公平与效率之间的关系如何？经济社会如何处理这二者关系？

如前所述，在"福利经济学之父"庇古那里，国民收入的数量和国民收入在社会成员之间的分配状况，都是衡量社会经济福利的尺度。他认为，提高国民收入水平和改善收入分配状况是增进经济福利的两条途径，因此他主张，福利经济学既要研究资源最优配(效率)，又要研究收入最优分配(公平)。庇古以后的一些福利经济学家如卡尔多、希克斯等人反对把公平问题列入福利经济学的研究范围。他们要么认为个人之间的效用不能比较，要么认为收入公平分配问题属于道德伦理范畴，是规范经济学研究的内容，因而主张福利经济学只研究效率问题。但是同时也有一部分福利经济学家赞同庇古的看法，主张把公平与效率同时作为福利经济学的研究主题。近一二十年来，随着西方福利国家的发展和收入分配问题日益突出，越来越多的福利经济学家在探讨公平与效率、公平与福利之间的关系问题。

第一节　公平与效率的含义

一、效率

福利经济学所说的“效率”是指资源配置或配置效率(allocative efficiency)，它是指一个社会的资源配置达到这样一种状态：不可能通过重新组织生产来使任何人境况变好而不使个人境况变坏。因此在配置效率状态下，只有通过降低一个人的效用才能提高另一个人的效用。这种状态就是帕累托最优状态(pareto optimality)。

帕累托最优状态意味着，经济社会在既定的资源和技术条件下，为消费者提供了最大可能的各种商品组合。就是说，配置效率点一定落在经济社会的生产可能性曲线上，而不可能落在这条曲线以内或以外某一点。

配置效率的另一个定义是，在不使任何一个人的境况变坏的条件下不可能使另一个人的境况变得更好。也就是说，如果要增加个人的效用，必须要以牺牲另一个人的效用为代价。这样定义的配置效率点一定位于经济社会的效用可能性曲线上。这条曲线表示全体社会成员的最大可能的效用组合。

福利经济学认为，一个完全竞争的经济可以达到帕累托最优状态。这种状态或配置效率满足三个条件：① $P=MU$。当消费者在市场上购买商品时，每一种商品的价格都等于这种商品给他带来的边际效用。② $P=MC$，当生产者在竞争中生产商品时，他把产量确定在边际成本等于价格那一点上。③ $P=MU=MC$。在竞争条件下，消费最后一单位商品所获得的社会边际效用(或社会边际收益)等于生产这最后一单位商品所耗费的社会边际成本。因此，配置效率又可以定义为：$P=MU=MC$。简单地说，效率就是资源的利用不存在任何浪费。

二、公平

关于公平的问题是非常复杂的。首先，这里的“公平”，是指收入公平还是指机会公平？其次，如果是指收入公平，那么什么样的收入分配才算公平？是人人都在国民收入中占有相等的一份算作公平，还是保持收入差距才算公平？保持什么样的差距才算公平？最后，按照什么标准或原则来判定是公平还是不公平？由谁来制定这个标准或原则？制定的这个标准或原则本身是公平的吗？这样的问题还可以无穷地提问下去。这被称作“平等悖论”(paradox of equality)。可以说，分配的公平问题是全部经济学中最具有争论性的问题。有些福利经济学家把公平区分为机会公平和结果公平，认为前者比后者重要。结果公平是指社会财富和收入分配上的公平；机会公平是指人们在生活、自由和追求幸福的权利公平的基础上，有公平的机会选择和从事不同的经济活动，在经济活动中有公平的机会按其贡献获得相应的报酬，有公平的机会消费社会产品、积累私人财富和获得经济成就。就是说，社会向一切人都公平地提供了接近那些最幸运的人才有的生活标准和政治权力的机会。为什么机会公平而结果却不一样？有学者认为这主要是因为个人的努力程度、才干甚至运气不同。这样，人们在收入和财富分配上的不平等，就不能归咎于社会，而只能归咎于他自己。因此，这些经济学家认为，如果只强调收入和财富分配平等，就会抑制人们的积极性、创造性和冒险精神，就会抑制人们的潜能和个性，由此而造成机会不平等。而机会不平等是违背人性原则的。美国《独立宣言》确立的主题思想是"人人生而公平"。

另一些福利经济学家，如阿瑟·奥肯（Arthur. M. Okun），又把公平区分为收入公平和福利公平，认为收入公平不一定就是福利公平。他们提出，由于个人或家庭的需要或偏好不同，所以要达到同等程度的福利水平，需要的是不同的人或不同的家庭有不同的收入水平。如果实现了收入公平，那么个人或家庭获得的福利实际上将会不公平。例如，一个城市家庭和一个乡村家庭，由于他们的需要不同，他们获得相同的福利水平所要求的收入水平是不同的。这意味着，不能简单地利用人们在收入方面的不公平来说明他们在福利方面的不公平，公平的收入分配也可能带来不公平的福利满足。

还有一些福利经济学家认为，什么样的分配才算公平，这是一个价值判断或规范分析的问题；由于不同的人有不同的价值判断标准，所以对这个问题很难得出一个统一的答案。例如，被饥饿困扰的兄弟二人分一块蛋糕，至少有十种分配方式并且每种方式都不失为公平：两人均分——从人头的标准看是公平的；哥哥多分，弟弟少分——从年龄的标准看是公平的；弟弟多分，哥哥少分——由于弟弟正是长身体的时期，所以这样分配从需要的标准看是公平的；谁劳动得多谁多分——从贡献的标准来看是公平的；谁多出钱谁多分——从付钱的标准看是公平的；用抽签的办法决定谁多分——从机遇的标准看是公平的；谁是家长谁多分——从地位的标准看是公平的；谁最爱吃蛋糕谁多分——从偏好强弱的标准来看是公平的；谁先发现蛋糕谁多分——从先来后到的标准看是公平的；谁的工龄长谁多分——从过去贡献的标准来看是公平的……因此，这些福利经济学家认为，分配公平还是不公平，是一个相对概念；同一种分配方式，按这个标准来衡量是公平的，按那个标准来衡量可能是不公平的；在一部分人看来是公平的，在另一部分人看来又是不公平的。

但是，无论西方经济学家在这个问题上有多少种不同的说法，他们在以下两点上似乎存有共识：第一，在收入和财富分配的金字塔上，只有极少数人位于顶端，大多数人则处于这个金字塔的底层；第二，竞争性的市场能够较为完满地解决经济社会的"生产什么"和"如何生产"的问题，但是不能为解决"为谁生产"的问题提供最好的答案。自由市场机制最忠诚的支持者也对这种机制作用下的收入和财富分配感到不满意。

第二节　不公平的根源

马克思对资本主义社会收入和财富分配不公平的根源做过深入而精辟的分析。马克思认为这种不公平根源于资本主义制度。在这种制度下，资本家占有生产资料，而雇佣工人则两手空空；资本家凭借对生产手段的占有来支配雇佣工人劳动，从而占有劳动成果；人们在社会生产关系中的地位不公平必然导致收入分配上的不公平，雇佣工人始终只能得到他的劳动力价值的等价物工资；于是这个社会就出现了两极分化：一极是财富的积累，另一极是贫困的积累。

我们这里主要介绍西方经济学家对不公平根源的分析。以下所说的不公平主要是指收入分配和财富分配不公平。收入和财富是经济学衡量一个人的经济地位最常用的两个尺度。

收入(income)是指一个人或一个家庭在一定时期(通常是一年)获得的货币总量。它是一个流量(flow)概念。一个人或一个家庭的收入一般由劳动收入(如工资、薪金)、财产收入(如股息、利息、租金)和转移支付(如失业津贴、社会救济金)等几部分构成。其中，劳动收入和财产收入是初次分配收入，初次分配是通过市场机制实现的；转移支付属于再分配收入，再分配是通过财政制度来进行的。

财富(wealth)是指一个人或一个家庭在某个时点上所拥有的有形资产和金融资产的净值。这个净值是指他的全部资产减去全部负债以后的余额。有形资产包括：自有住房、私人汽车、出租的财产(如房屋，厂房，设备等)、其他不动产(如土地、庄园等)。金融资产包括：各种存款、公司股票、债券、互助基金等。财富是一个存量(stock)概念。

多数西方经济学家回避从制度上分析不公平的根源，他们一般把不公平归结为人们的能力、技艺、劳动强度、职业、教育等方面的差别和继承遗产、储蓄、敢冒风险等因素。我们这里主要介绍萨缪尔森和诺德豪斯对不公平根源的分析。

一、劳动收入不公平

在美国，劳动收入大约占整个要素收入的 80%。劳动收入不公平主要来源于以下因素：

(1) 能力和技艺差别。人们在能力方面有很大差别，这种差别导致劳动者有不同的技艺，从而有不同的工资和薪金收入。能力差别可以是生理上的、精神上的或性格上的。这种差别可能与遗传有关，也可能与社会环境和经济环境有关。能力差别对收入差别起多大作用呢？答案是：作用很小。个人之间的能力差别大体上呈正态分布，而个人之间的收入差别则呈扁平曲线状的分布(见图 9-1)。这说明人们之间的能力分布比收入分布公平得多。人们特性之间的差别很少超过 3 倍，然而同时最高收入要比最低收入高出 100 多倍。

(2) 工作强度的差别。个人之间的工作强度有显著差别，由这个因素造成的收入差别大约是 2～3 倍。

(3) 职业差别。人们的职业差别是收入不公平的一个重要根源。在美国，快餐服务员、汽车清洗工等非熟练劳动者处在收入的底层，而外科医生、牙医、律师、大学教授、

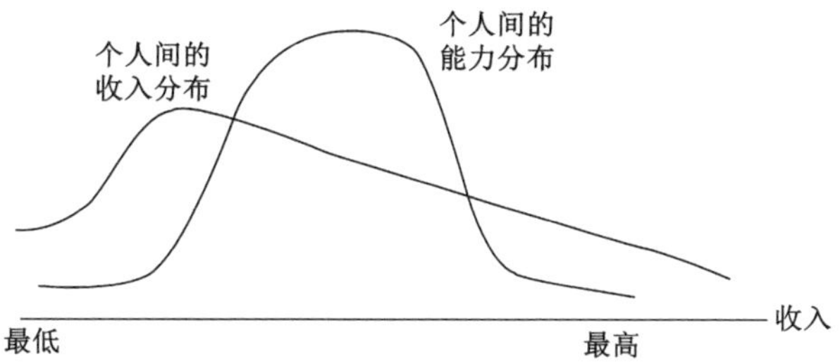

图 9-1　收入和能力分布

工程师则是高薪职业者。1988 年，美国后一类职业中的最高年收入（155 000 美元，外科医生）是前一类职业（如小汽车清洗工，8 000 美元）年收入的近 20 倍。这种收入差别主要是因为职业训练的年限不同，工作的危险和愉快程度不同。

（4）受教育程度的差别。人们接受教育的程度不同，所获得的收入就不同。因为人们把一定的时间和货币花费在接受教育和培训上来提高劳动质量是一种人力资本投资，这种投资如同在物质资本上投资一样，应当获得报酬。在美国，按 1988 年的价格和收入计算，一个男性大学毕业生从 8 岁到 65 岁将获得 3 100 000 美元的收入，一个中学毕业生将获得 2 100 000 美元，没有完成中学教育的人只能获得 1 500 000 美元。一个研究生获得的收入又比大学生平均高出 10%。

（5）其他因素。影响收入不公平的因素还有种族歧视、性别歧视等，如限制一些人进入某些职业。造成人们收入差别的最重要的根源，还是应当在特殊的才能、敢冒风险、幸运、天才的发挥以及艰苦的工作中去寻找。

二、财产收入不公平

与收入相比，财富所有权是极端集中的。1983 年，美国顶层的 1%的财富拥有者占有全部个人财富的 23%，其中最顶层的 0.5%的财富拥有者占有全部个人财富的 18%。而在最底层的 99%的人口中，人均拥有的财富净值约为 52 000 美元，而最顶层的 0.5%人口人均占有财富 230 万美元。

这种不公平来源于以下几个因素：

（1）财产继承。多数富人都从他们的父母或祖父母那里继承了大笔的财产。据调查，在美国最富有的 1%的财富拥有者中，有 2/3 的人的财富绝大部分是继承来的。

（2）储蓄和敢冒风险。储蓄或节俭在个人财富积累中起多大作用呢？有研究表明，个人财富中的一小部分（大约是 20%）能够用生命周期储蓄加以解释，其余的绝大部分只能用继承、赠予等原因加以说明。另一种理论认为，人们今天的财富是对他昨天承担风险的报酬，比如挖油井、开金矿、进行发明创造、投资实业等。企业家精神（entrepreneurship），是指企业家组织、管理生产的才能，对投资机会的预见能力，以及所具有的冒险精神，是人们财富来源中最重要的因素。见表 9-1。

表 9-1 美国 100 个最富有的人

财富来源	人数	财富净值/亿美元	占比
继承	37	48.7	35
理财天资	7	9.6	7
企业家精神	56	80.7	58
其中:(行业)			
石油	9	11.8	9
不动产	12	13.0	9
零售	9	17.1	12
电子	4	8.5	6
糖果	4	4.6	3
其他	18	25.7	19
总计	100	139.0	100

资料来源:萨缪尔森、诺德豪斯:《经济学》,麦克劳-希尔图书公司 1989 年第 13 版,第 652 页。

第三节 公平优先还是效率优先

现代经济社会面临这样的两难选择:是以效率为主要目标,还是以公平为主要目标,抑或二者并重?当效率和公平发生矛盾时,是以效率优先,还是以公平优先?或者说,是以牺牲公平换取效率,还是以牺牲效率换取公平?这实际上是这样一种选择:是把蛋糕尽量做得大一些呢,还是把蛋糕尽量分割得公平一些?

福利经济学家在这个问题上大体有三派观点:效率优先、公平优先、效率与公平兼顾

一、效率优先

一些福利经济学家主张效率优先。反对把收入分配公平问题作为社会福利极大化的一个必要条件的那些福利经济学家,大多都持这种观点,如卡尔多、希克斯、罗宾斯、哈耶克、弗里德曼。

他们认为,效率是与自由不可分割的。这里的自由是指自由经营、自由竞争和要素的自由转移。这种自由是市场机制正常运行从而实现资源配置效率的前提条件。如果追求公平牺牲了自由,必将破坏市场机制的正常运行,由此而损害效率,那么这种公平就是不可取的。

他们认为,公平只能通过自由竞争的市场机制来实现,而不能依靠立法和行政手段来实现。因为依靠后一种方式实现公平,是把部分人多于"公平份额"的收入和财产拿

给少于“公平份额”的那些人，这实际上是把一部分人的努力移作另一部分人的所得，把一部分人的偏好强加给另一部分人，这种做法本身就是不公平的。哈耶克就说过：“用特殊干预行动来纠正自发过程形成的分配状况，就一个原则同等地适用于每一个人来说，从来就不可能是公正的。

在他们看来，如果人们的所得是靠“公平”而不是靠他们的努力来决定，那么，那个用于公平分配的蛋糕又从何而来呢？还有什么机制去刺激人们去生产这个蛋糕和努力把这个蛋糕做得更大些呢？如果把大发明家爱迪生的巨额专利收入与一般人的收入强行扯平，爱迪生还愿意花时间、精力和投资以及冒风险去搞发明创造吗？而如果没有他发明的电灯、电报，人类的效率损失将会有多大！

如前所述，财产继承是造成财富分配不公平的一个重要因素，因而它受到人们更多的谴责。但是，如果开征高额遗产税或干脆全部没收遗产，固然可以使财富分配公平化，但却打击了人们储蓄和积累的积极性，这将刺激人们将税后收入全部挥霍掉——今朝有酒今朝醉，结果将造成资本形成不足，最终将牺牲经济增长。这样一来，蛋糕的分配虽然公平了，但是蛋糕变小了，每个人只能分得更小的一块。

所以，这些经济学家认为，真正的公平是机会公平；国家的作用在于保证私有财产的合法性和非排他性，保证人人都有得到私有财产的公平机会，保证市场的自由竞争，以促进经济效率的提高。

二、公平优先

与主张效率优先相反，一些福利经济学家主张公平优先。持这种观点的经济学家（还有哲学家、数学家）主要有勒纳（A. P. Lerner）、罗尔斯（J. Rawles）、米里斯（J. A. Mirrlees）等人。

罗尔斯主张实现一个根据社会契约组成的公平的理想社会，这个社会“使公平优先”。在这个社会里，目标是使境况最坏的那部分人福利最大化，公共政策只有能够提高最穷的人群的福利时，才应该被采纳执行。他提出的这个模式又被称为“最大化最小效用”分配标准。这个模式可以简述如下：

假定现在社会上有两组人 A 和 B，A 组是最幸运的人，他们获得了最大效用（因为他们得到的收入最多）；B 组是最不幸的人，他们由于收入最少而得到最小效用。社会如何进行选择，使收入最少的组效用最大化，从而消除贫富差距呢？

在图 9-2 中，横轴表示 A 组人的收入或效用，纵轴表示 B 组人的收入或效用；$U—P$ 曲线是效用可能性曲线。$U—P$ 曲线分为三段——PF，FE 和 UE，其中 PF 和 UE 这两段是上升的。经济社会位于这两段之间的任一点都没有达到帕累托最优状态，因为这时调整资源配置将会提高 A、B 两组人的效用组合。罗尔斯认为这两个上升线段的含义是：当一组人越来越不幸的时候，另一组人或者出于同情心，或者由于害怕革命，也会感到不幸，因而同意改变现有的收入分配或效用组合。

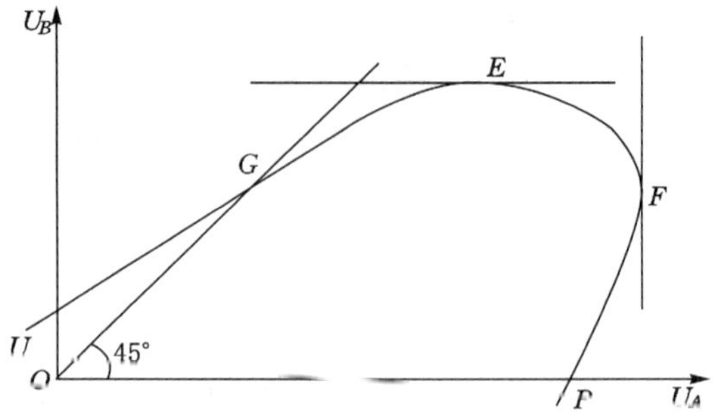

图 9-2　最大化最小效用

线段 FE 上的任一点都满足帕累托最优条件，因此社会只能在 FE 范围内进行选择。罗尔斯认为，要使得最穷的 B 组福利最大化，社会应当选择 E 点。通过 E 点所作的切线平行于横轴，这表明 B 组的福利最大化了。因此 E 点是最优分配点。

如果社会选择 F 点，将使最富的 A 组人福利最大化，即最大化了最大效用，这时 B 组人的境况最糟糕。

罗尔斯的 E 点不是收入分配的绝对平均点，绝对平均点位于与横轴成 45°夹角的射线上的 G 点。在 G 点，两组人的收入或福利绝对平均，但与 E 点相比，两组人的福利都减少了。

勒纳则主张实行平均分配。他认为，既然效用是不可测量、无法进行人际比较的，也就不可能知道哪种实际的分配方式可以达到最大福利，因此我们所能做出的最令人满意的假定只能是：平均分配将是获得最大满足的一种分配方式。他的思想可以用图 9-3 来说明。

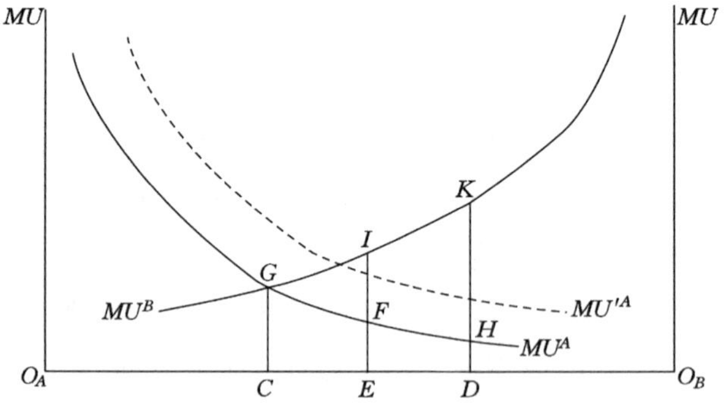

图 9-3　最优分配

假定社会由 A、B 两组人组成，国民收入总量为 O_AO_B，分配给 A 组的收入是从 O_A 向右度量的，分配给 B 组的收入是从 O_B 向左度量的。纵轴表示边际效用(MU)。如果两组人有相同的边际效用曲线 MU'^A 和 MU^B，则国民收入在 A、B 之间平均分配(在 E 点，$O_AE=O_BE$)，总效用或总福利最大(这时 MU'^A 曲线和 MU^B 曲线在 I 点相交所围成的面积最大，即 A、B 两组人的边际效用积分值最大)。但是，如果 A 组人有一个较低的

边际效用曲线 MU^A（这意味着 A 和 B 的偏好已经不同），则收入分配在 C 点时（这时 A 得到的收入为 O_AC，B 得到的收入为 O_BC），总效用最大。也就是说，现在不是平均分配，而是把 $CE(CE=DE)$ 单位的收入从 A 手里拿去给 B，则 B 的效用增加 $CGIE$，而 A 的效用仅减少 $CGFE$，两相比较，福利净增加 GIF。但是，如果我们不知道两组人的边际效用曲线的高度和位置，也就是说不知道他们各自的偏好状态，从而无法比较二者的 MU 曲线的高低，则完全有可能把 $DE(=CE)$ 单位的收入从 B 手中拿去给 A，这种收入重分配的结果是，A 的效用增加 $EFHD$，B 的效用则减少 $EIKD$，效用净损失 $FIKH$。因为 $FIKH>GIF$，所以，在不知道各组人的边际效用曲线的差异时，收入不公平分配的福利变动量是负数。因此，公平分配是最优分配。

主张公平优先的经济学家中还有人认为，不公平收入有可能导致权利和机会的不公平，因为在市场经济下金钱可以和权力相交换，权力又可以成为收入和财富的源泉。因此，人们的收入和财富不一定同他的勤奋和努力成正比，财富不一定和效率有直接联系。而收入不公平，既会降低效率，又会损害人类尊严。例如，美国经济学家高登认为："公平权利和不公平收入的混合结果，造成了民主的政治原则和资本主义经济原则之间的紧张关系。有些大获市场奖励的人，用金钱来谋取额外的权利帮助，而这些权利本应是公平分配的。对这些人来说，他们提前起跑使得机会不均等了。对那些在市场上受到惩罚的人来说，其后果是一定程度的被剥夺，这与人类尊严和相互尊重的民主价值观相冲突。

主张公平优先的经济学家大多主张国家干预经济生活，以矫正市场自发调节所产生的收入和财富分配不公平。他们认为，如果不加干预，市场的自发作用不仅造成收入分配越来越不公平，而且资源也不可能得到有效率的配置。

三、效率与公平兼顾

这是一种折中的观点。他们既不赞成效率优先，也不赞同公平优先，而是主张二者兼顾。这些经济学家试图找到一条既能保持市场机制的优点，又能消除收入差距扩大的途径，使效率和公平同时有所增进。持这种观点的经济学家大体上有布坎南，奥肯、萨缪尔森、伯格森等人。

布坎南承认市场的自发作用会造成分配不公平，但是他又反对国家或政府来干预市场过程，认为这种人为的干预既会挫伤一部分人的积极性从而损害效率，又会破坏真正的公正标准。他认为："试图缓和主要由于市场不公平造成的分配不公平或不正义，不应该采用干预市场过程的形式。最低工资法也许是最好的例子。这样的限制损害了法律原来想要给予利益的那些人。在这种以及在许多其他情况下，亚当·斯密天赋自由理论体系中的分配正义应该得到承认和重视。"布坎南的观点是："不能直接使用国家的权力和机关（政府）从政治弱者那里把收入和资产转移给政治上的强者，并以取得'分配上的正义'或其他任何理由为托词。短期立法或议会操纵下规定的分配份额绝对不可能符合真正公正的标准。”他既反对国家干预主义，也反对自由放任主义，认为后者“走得太远了”。

那么，出路何在？布坎南的答案是：“熟悉的和讨论的很多的公平与效用两者不能兼顾，之间的权衡要依据社会制度结构来决定。”他所说的社会制度结构是指包括契约和宪法在内的社会法律制度。他认为，用政治手段执行分配上的调整首先必须严格地符合宪法，也就是必须把这种调整作为社会秩序永久性或半永久性的制度，这种调整只有以契约作为根据才能显得公正。他认为，就实际操作来说，累进所得税有可能成为可接受的财政制度的一个特色。改变收入不公平的状况首先必须矫正机会差别，而矫正机会不公平的办法是实行转让税制度和政府出资办教育的制度。他认为财产的世袭转让是与公平的目标背道而驰的，因此，对财产转让实行征税制度肯定符合公正原则。他认为教育可以缩小人们由遗传决定的能力上的差距，虽然教育不能完全抵消这种差距带来的结果。因此，政府投资办教育，既符合公正标准，又可以使各人在出发点上平等。

萨缪尔森既认为收入过度不公平不是一件好事，又认为收入完全公平也不是一件好事。他认为，如果没有政府干预，市场自发形成的收入分配有可能过分不公平而令人难以接受。但是市场的自动机制又可以实现资源配置效率。既要效率又要公平的途径是通过政府干预来修补市场机制这只看不见的手。他写道：“即便是最有效率的市场制度也会产生很大的不公平。”“如果一个民主社会不喜欢自由放任市场制度下按货币投票进行分配的话，它能够采取措施来改变收入分配。”他提供的改变收入分配不公平的措施有：累进税，转移支付制度，政府通过食品券、医疗补贴、低价住房等形式向低收入者提供消费补贴。

奥肯认为效率和公平之间存在一种交替关系，问题的关键是经济社会如何在公平与效率之间求得妥协和协调。由于奥肯的思想比较丰富，因此有必要为之专辟一节。

第四节　奥肯的公平与效率交替学说

一、公平与效率的关系

美国经济学家阿瑟·奥肯在他的著作《公平与效率》一书中一开始就指出，像美国这样的资本主义经济是高效率的，但是同时又不可避免地产生出许多不公平。他写道：“美国家庭在生活水平与物质财富占有上的差距体现着一种奖惩制度，这一制度力图激发努力奋斗的精神，并把这种精神引入社会生产活动中去。从某种程度上说，这一制度成功了，它创造了一个高效率的经济。但是，对效率的追求不可避免地产生出各种不公平。”因此，公平与效率的选择，是经济学的中心课题，是社会所面临的最大的选择。“公平与效率之间的抉择……是最大的社会经济抉择，而且它在社会政策的各个方面困扰着我们。我们无法在保留市场效率这块蛋糕的同时又公平地分享它。”

奥肯认为，所谓效率，并不是指多多益善，即不是生产的东西越多越好，这个“多”必须是在人们所愿购买的范围内。而经济公平也不是指同一、单调或统一，因为人们的趣味和爱好有巨大的差异，相等的生活水平并不意味着人们会选择完全一致的方式来花费他们的收入和处置他们的财富。

奥肯既反对不公平主义，认为这些人的观点违背了美国《独立宣言》所宣布的人类公平，又容忍不公平的存在。他认为：“片面地认为拥有巨大财富或高额收入是邪恶的象征和行迹，这是对公平社会的一种误解。整套市场经济制度促成了这种不公平，但它们同以公平主义为追求目标的各种法律或政治制度一样，是社会结构的组成部分。”奥肯不是要消除不公平，而是要在保留资本主义市场经济制度的前提下，通过政府适当干预，来缓解这种不公平，以求在公平与效率之间达成妥协。

奥肯既不赞同效率优先，也不同意公平优先。他认为，公平和效率双方都有价值，其中一方对另一方没有绝对的优先权。因此，“在它们冲突的方面，就应该达成妥协。这时，为了效率就要牺牲某些公平，并且为了公平就要牺牲某些效率”。

那么，能不能使公平的增进达到这样一点：更多的公平所增加的好处正相当于更大的非效率所增加的代价？根据经济学中经常使用的边际条件或最优原则，如果经济社会能达到这样一点，将在公平与效率之间求得最优平衡。奥肯认为，经济社会很难达到这样一种最优状态。因为大多数对公平和效率两方面进行再分配的措施，其后果是不确定和有争议的。面对一项税收或福利平均化的建议，没有一个立法人或投票人可以确定这个项目能增加多少公平或减少多少效率。

二、再分配对于促进公平的作用

奥肯认为，在公平名义下的再分配肯定会损害效率；但是如果减少不公平在道德上是好的，就值得为它付出一些代价，这里的艰难选择在于：我们愿意在多大程度上牺牲效率来获得更大的公平？奥肯试图通过他的“漏桶试验”的例子来阐述他的思想。

假定再分配是一只漏桶。如果为了增进公平，就必须把收入金字塔顶部的那部分家庭的一部分收入转移给收入金字塔底层的那部分家庭，那么这些钱就必须通过这只漏桶从富人那里传送给穷人。如果从富人那里拿来的每一元钱都能等量地交给穷人，那么这个结果将是理想的。但是在现实中，从富人那里拿来的钱并不能100%交给穷人，在转交过程中，一部分钱将会不翼而飞。这就是说，这种再分配过程伴随着效率损失，重新分配国民收入会减少国民收入总量。我们可以用图9-4来说明奥肯的这个思想。在图9-4中，横轴表示富人的收入，纵轴表示穷人的收入，等腰直角$\triangle OEF$的两条直角边构成收入可能性曲线(income-possibility curve)，它上面的任一点表示国民收入在这两部分人之间的可能的分配组合。

图中的A点代表自由放任下市场分配机制形成的收入分配格局，这时富人得到的收入远多于穷人。E点表示国民收入在这两部分人之间完全均等地分配。从E点向右

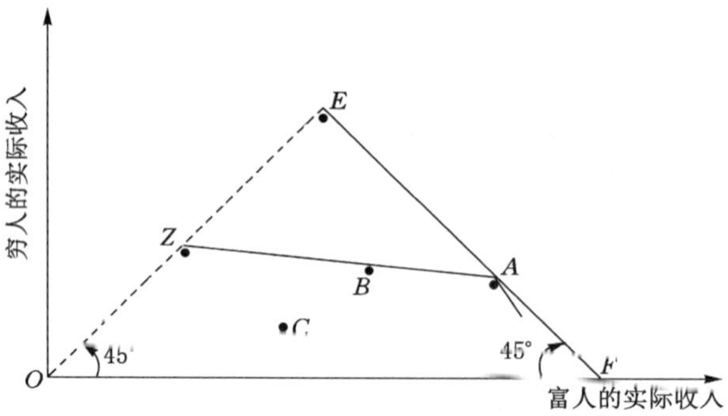

图 9-4　再分配损害效率

下方成负 45°倾斜的线（EF）表示收入再分配没有付出任何代价（效率损失），这表明从富人那里每取走 1 元钱就使穷人刚好增加 1 元钱。能够通过再分配使社会由 A 点移到 E 点吗？

奥肯对这个问题的回答是：不能。因为再分配这只桶有漏洞，它会造成效率损失，因而从富人那里拿来的 1 元钱流到穷人手里时将不足 1 元钱。

三、收入再分配造成效率损失的原因

（1）行政管理成本。收入再分配引起这种成本增加，从而吸走了本来可以用于生产的资源。例如，为了征集税款并分配转移性支付，政府必须雇用职员并购买计算机；纳税人必须向律师和会计师付费，花时间填写表格

（2）工作积极性。奥肯认为，税收和转移支付这些再分配措施对工作积极性的影响难以确定，但是高所得税率会助长企业的奢侈性浪费、刺激人们把他的努力转向不纳税的各种自我服务

（3）储蓄和投资。高税率会对储蓄和投资产生抑制作用，但不像人们通常想象的那样严重。

根据奥肯的分析，由于再分配必然引起效率损失，所以社会状况一般不是从 A 点移向 E 点，而是沿着 ABZ 曲线移动。如果效率损失较多，社会将由 A 点移到 B 点；如果效率损失很多，社会将由 A 点移到 Z 点。在 Z 点，国民收入在两部分人之间绝对公平地分配（Z 点在 45°线 OE 上），这时从富人手里拿走的收入很多，但穷人的收入增加得很少。

既然收入再分配造成的效率损失不可避免，那么，能不能减少这种损失或泄漏呢？奥肯认为，只要用合理的方式来设计再分配，就能做到这一点。他提出的再分配措施有：对处于收入和财富最高层的那些人加重征收所得税，按收入公平方案改革联邦政府开支，援助低收入阶层。奥肯还认为，减少不公平不能仅仅在税收和转移支付上做文章，还有其他的途径和措施可供选择。他提出："社会需要为更多的人找到出路，通过选择某些包含同提议的组合方案，如扩大正规教育，增加职业和人力培训项目，补贴雇主以提升工人等级或引导缩小高工资与低工资职业类别的差距等等，使他们登上从公平

职业向好职业发展的阶梯。

奥肯最后总结说，他在全书中反复提到的两个主题是："市场需要有一定的位置，而且市场需要受到约束。"市场之所以需要有一定的位置，是因为市场上的奖励为工作积极性和生产贡献提供了动力。因此，必须给市场足够的活动范围来完成它能胜任的许多事情。市场之所以需要受到约束，是因为在市场制度下，金钱能够购买权利和权力，从而造成人们的机会或出发点不公平。奥肯认为，民主资本主义制度是一种好的制度，因为这种制度"在公平中注入一些合理性，在效率中注入一些人道"。但他承认，这种制度也不可能一劳永逸地解决公平与效率这个难题。

第五节　福利政策举例

一、西方国家

现代福利国家在降低不公平或减少贫穷方面应发挥应有的作用。使用的主要政策工具是收入援助和福利方案(income-support and welfare programs)。它主要包括以下内容。

1. 食品券(food stamps)

美国在20世纪60年代开始实行食品券方案。按照这一方案，低收入家庭可以得到食品券，可以凭食品券按低于市场价格的支出购买食品。

2. 福利补助(welfare assistance)

给低收入人群的福利补助包括实物补助和货币收入补助两种形式实物。实物补助有对低收入家庭购买食品、衣服或住房方面的直接补助，货币收入补助主要是收入转移支付。转移支付是政府将一些收入单方面转给个人，个人无须以劳动交换等形式向政府做出回报。

3. 医疗补助(medicaid)

这种补助一般不随低收入家庭的收入提高而减少。一个家庭要么有资格享受这种补助，要么没有资格享受。

4. 其他补助方案

这些方案包括：住房方案，社会保障方案，残疾人福利方案等。这些方案中有的是直接针对穷人的。

20世纪60年代以来，西方发达国家的福利支出逐年大幅度上升。1989年，美国联邦政府用于社会保障、收入保障和健康服务三方面福利开支占该年度联邦政府支出的45%。庞大的福利支出引起了西方国家的政治家和经济学家的担忧，他们认为这些福利补助有很大的弊端。在他们看来，穷人的收入如果提高到一定程度，他们就不那么努力去寻找工作了，或者提前退休，或者减少工作以享受更多的闲暇；福利制度在医治贫穷的同时,也造就了一个依赖政府福利方案生活的阶层;福利制度提供了家庭解体的动力,引起了私生子和单亲家庭的增多。

由于认为福利方案在减少贫穷和不公平上非常缺乏经济效率,一些西方经济学家又提出了一个负所得税方案(the negative income tax)。这个方案的基本内容是:当一个家庭的收入低于某个水平线时,将获得收入补助(即负所得税);收入越少,补助越多;当一个家庭的收入高于这个水平线时,将自动按照一定的边际税率纳税(正所得税)。(见表 9-2)

表 9-2 负所得税方案举例　　单位:美元

家庭的市场收入	税额(正号为纳税,负号为补助)	纳税后的收入
0	−4 500	4 500
4 000	−2 500	6 500
7 000	−1 000	8 000
8 000	−500	8 500
9 000	0	9 000
10 000	+500	9 500

负所得税实质上就是所得税的反向延伸,其含义是:以社会平均收入作为个人所得税的起征线或称"0 税负线",在社会平均收入的 50%～60%处设一条贫困线;收入在"0 税负线"以上的公民,应缴纳个人所得税,所得税是累进的;收入在"贫困线"与"0 税负线"之间的公民免缴个人所得税;收入在"贫困线"以下的公民,可以从政府征收的个人所得税中自动得到补偿,使他们的总收入超出贫困线。其计算公式为:

负值所得税＝最低收入保障标准－(个人实际收入×负值所得税税率)

获负值所得税后个人可支配收入＝个人实际收入＋负值所得税收入

负值所得税把所得税的累进机制延伸到低收入阶层,通过负所得税的形式,对应税所得低于起征点的个人和家庭提供生活帮助。越是贫困者,得到的援助也就越多。(见图 9-5)

图 9-5 中,45°线表示无所得税,税前所得等于家庭或个人实际可支配收入。在征收负所得税后,税前所得和实际可支配收入发生偏离,收入在不同收入层次上的个人和家庭中转移。以 E 为"0 税负线",在这一点上,纳税人既不纳税,也得不到政府的补助金。如果纳税人的所得为 Y_1,$Y_1<Y_0$,则可以得到政府的负所得税支付,其所得负值税额为(I'_1-I_1)。如果纳税人的所得为 Y_2,$Y_2>Y_0$,则须依法缴纳所得税。图 9-5 中阴影部分为负所得支付区域及支付程度,可以看出,低收入家庭的收入并没有被拉齐到同一条最低生活标准线,而是有所不同,接受救助前收入高的人在救助后收入仍保持较高水平,这在一定程度上兼顾了公平与效率。

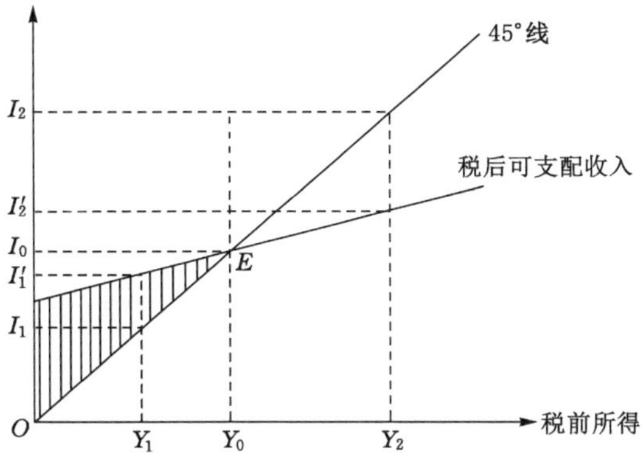

图 9-5　负值所得税的累进机制

与福利方案相比，负所得税方案有以下几点好处：可以鼓励人们积极工作，因为边际税率较低，人们就有挣更多钱的强烈动力，有助于使各地区之间的最低福利水平趋于相等；使穷人较少地蒙受屈辱；操作方便，易于管理；有利于削弱人们向高福利地区移民的动力。

虽然这一方案的倡导者们认为它是一个更有效率和更公平的方案，但是由于种种原因，只在美国的部分州使用，而在我国这个方案仍处在研究试点阶段，尚未实施推广。

由于 20 世纪 80 年代新自由主义思潮在西方世界的兴起，美国于 1988 年通过了《福利改革法案》(Welfare Reform Act)。这个法案试图减少低收入家庭对政府福利方案的依赖，要求更多的福利补助领受者参加工作和进入培训，让他们自己养活自己。这个法案表明，美国已经从政府补助的胡萝卜政策转向市场必需的大棒政策。这或许反映了西方福利国家的一个新动向。

二、中国福利政策举例

1. 取消农业税

农业税在我国有着悠久的历史，从古代的“初税亩”到现代的《中华人民共和国农业税条例》，农业税的演变反映了中国经济、政治和社会结构的巨大变化。

1958 年 6 月 3 日，第一届全国人大常委会第 96 次会议通过的《中华人民共和国农业税条例》，在我国实施了近半个世纪。农业税是对农业生产者和单位征收，成为国家财政的重要组成部分。2004 年，我国政府开始实行减征或免征农业税的惠农政策，直至 2005 年 12 月 29 日，第十届全国人大常委会第 19 次会议决定，自 2006 年 1 月 1 日起废止农业税条例。

我国全面取消农业税是在不影响城镇居民收益和福利的情况下进行的，极大地调动了农民的积极性，解放了农村生产力，带动了农村生产关系和上层建筑某些环节的调整，推动了农村经济的快速发展和农村社会的和谐进步。

2. 精准扶贫

2013 年“精准扶贫”被首次提出，是中国政府为了消除绝对贫困，确保到 2020 年实现全面建成小康社会目标而实施的一项重要战略。本着精确识别、精确帮扶、精确管理、精确考核的原则，通过支持贫困地区发展特色产业、提供就业信息和服务、推动农村劳动力转移就业、实施教育扶贫工程、确保贫困家庭子女接受教育、实施健康扶贫工程、减轻贫困人口医疗费用负担、在贫困地区实施生态保护补偿机制、实施农村危房改造、完善农村社会保障体系等措施，助力贫困人口脱贫。

精准扶贫政策实施以来，中国农村贫困人口大幅减少，脱贫攻坚战取得了决定性胜利，为全球减贫事业作出了重要贡献。2020 年年底，中国宣告脱贫攻坚战取得全面胜利，完成了消除绝对贫困的艰巨任务。

3. 奖助学金

2024 年 10 月 29 日，财政部、教育部、人社部发布通知，调整高等教育阶段和高中阶段国家奖助学金政策，进一步完善覆盖全学段学生资助体系，让更多学生享受资助政策红利。

（1）高等教育阶段。

① 国家奖学金名额增加与奖励标准提高：从 2024 年起，本专科生国家奖学金奖励名额由每年 6 万名增加到 12 万名，奖励标准由每生每年 8 000 元提高到 10 000 元。

② 国家励志奖学金奖励标准提高：从 2024 年起，本专科生国家励志奖学金奖励标准由每生每年 5 000 元提高到 6 000 元。

③ 国家助学金资助标准提高：从 2024 年秋季学期起，本专科生国家助学金平均资助标准由每生每年 3 300 元提高到 3 700 元。

④ 研究生国家奖学金名额增加：从 2024 年起，研究生国家奖学金奖励名额由每年 4.5 万名增加到 9 万名。

⑤ 研究生学业奖学金支持标准提高：从 2025 年起，中央高校研究生学业奖学金中央财政支持标准提高，硕士生由每生每年 8 000 元提高到 10 000 元，博士生由每生每年 10 000 元提高到 12 000 元。

（2）高中教育阶段。

① 国家助学金资助标准提高：从 2025 年春季学期起，普通高中国家助学金平均资助标准由每生每年 2 000 元提高到 2 300 元。

② 中等职业学校国家助学金覆盖面扩大：从 2025 年春季学期起，符合条件的中等职业学校全日制三年级在校学生纳入国家助学金资助范围，资助标准由每生每年 2 000 元提高到 2 300 元。

这次调整，具有重要意义：① 增加奖助学金名额和标准，以更大力度奖优助困，激发学生的学习和科研热情；② 扩大资助覆盖面，使更多学生群体受益，促进教育公平；③ 促进人才培养，特别是针对拔尖创新人才和急需紧缺人才的培养；④ 保障家庭经济困难学生,使他们能够安心学习,顺利完成学业。

政策调整旨在全面贯彻党的二十大和二十届二中、三中全会精神,落实立德树人的根本任务,完善覆盖全学段学生资助体系。这将有效促进教育公平,激励更多学生勤奋学习,为国家的长远发展培养更多优秀人才。

【思考题】

1. 如何理解公平与效率的概念?
2. 简述奥肯关于公平与效率替代学说的主要内容。
3. 列举“效率优先”“公平优先”“两者兼顾”的主要观点及代表人物。
4. 结合中国式现代化,谈谈如何合理推动效率与公平的实践。

【拓展阅读】

正确处理好效率与公平关系推动中国式现代化新突破

“效率与公平的关系”是习近平总书记提出的推进中国式现代化需要处理好的六个重大关系之一。习近平总书记提出了“更好实现效率与公平相兼顾、相促进、相统一”的重要思想,对于全党正确理解中国式现代化,深刻认识实现全面建设社会主义现代化国家各项目标任务的艰巨性和复杂性,更好把握效率与公平的关系提供了科学指南。

一、正确认识效率与公平的地位

效率与公平是中国式现代化的重要原则。这一原则始终贯穿于中国现代化建设的过程中,并不断随着经济社会的变化在调整。中国处理效率与公平的关系大致可以分为四个阶段:一是新中国成立到改革开放“公平优先”阶段(1949—1977年)。这一阶段新中国刚成立,打土豪分田地,实现耕者有其田,国家实行计划经济,人们把分配的平均作为社会主义的价值目标。二是改革开放到党的十二届三中全会“二者兼顾”阶段(1978—1984年)。这一阶段国门打开,效率有所提升,但是体制和政策束缚太多,大大影响了效率的提升速度,因此,党的十二届三中全会提出了“要让一部分人通过诚实劳动和合法经营先富起来,然后走向共同富裕”论断,开始了“效率优先”的雏形。三是党的十三大至十八大“效率优先、兼顾公平”阶段(1985—2012年)。改革开放使沿海地区财富不断积累,中西部差距、城乡差距、收入差距呈拉大趋势,国家政策开始关注“公平”问题。党的十三大提出“坚持共同富裕的方向,在促进效率提高的前提下体现社会公平”。随后,西部大开发、振兴东北老工业基地、中部崛起等战略的提出,新农村建设、脱贫攻坚等相关政策的实施,使得贫富差距有所缓解。显然,这一阶段效率处于优先的第一位,公平虽然同等重要,但出于“兼顾”即次要地位。四是党的十八大以来“效率与公平并重”阶段。随着效率的提高,出现了很多社会问题,国家战略开始转向,更加关注经济社会发展中的公平问题,从打击垄断行业到防范资本的无序扩张,从打击培训机构到打击学区房，这些都说明“兼顾效率与公平”将成为主旋律。历史上每一次效率与公平的重大调整都是在特定历史条件下推动中国现代化发展的必然选择，我们党正是把处理效率与公平原则贯穿到了社会主义现代化建设过程中，并不断处理两者的关系，中国才能顺利完成全面建成小康社会目标。

效率与公平是共同富裕的重要命题。党的二十大报告指出，“共同富裕是中国特色社会主义的本质要求，也是一个长期的历史过程”“我们坚持把实现人民对美好生活的向往作为现代化建设的出发点和落脚点，着力维护和促进社会公平正义，着力促进全体人民共同富裕，坚决防止两极分化”。可见，效率与公平是社会的两个重要方面。共同富裕包含两层含义。一是“共同”，就是优化生产关系，着力追求全体人民的富裕，体现出“公平”的含义；二是“富裕”，强调发展生产力，推动实现高质量发展，实现经济的稳定增长，体现出“发展才是硬道理”，这与“效率”的含义不谋而合。效率与公平对应了共同富裕的两层含义，要想实现共同富裕，就一定要处理好效率与公平的关系。

效率与公平是社会主义优越性的具体体现。习近平总书记指出：“让广大人民群众共享改革发展成果”，这是社会主义的本质要求，也是社会主义制度优越性的集中体现。发展成果由人民共享，让现代化建设成果更多更公平惠及全体人民，坚持一切为了人民、一切依靠人民。回望波澜壮阔的历史进程就是“江山就是人民，人民就是江山”的历史，我们党的团结奋斗，根本目的就是为了让人民过上好日子，无论面临多大挑战和压力，无论付出多大牺牲和代价，这一点都始终不渝、毫不动摇。习近平总书记提到，“效率与公平是社会主义道德建设同一切剥削阶级，特别是资产阶级道德建设的一个重要区别”。把资本主义以资本、效率为主导的理念与社会主义以人民为中心的发展思想作对比，社会主义的优越性显然易见。

二、科学认识效率与公平的关系

效率与公平是辩证统一的关系。“效率”指资源投入和生产产出的比率，经济效率就是把各种生产要素实现最优配置，以最少的投入实现最高的产出。“公平”是指人与人的利益关系及利益的原则，也就是每个人在市场面前都是平等的，制度、做法、行为等都合乎社会发展规律。效率与公平的关系是辩证统一的。一个有效率的社会，其资源配置肯定是合理的；一个公平的社会，其各种生产要素肯定是发挥最大效用的。

效率与公平关系是动态变化的。效率与公平是一个历史范畴，按其所产生的社会历史条件和社会性质的不同而有所不同。我国经历了“绝对平均主义”，“两者兼顾”“效率优先”“效率优先，兼顾公平”等过程，这都是适合我国当时实际情况和发展需要的。更好实现效率与公平相兼顾、相促进、相统一的重要论断，清楚地阐释了新征程中效率与公平的关系。“相兼顾”体现了既要经济发展，也要社会公平，不能顾此失彼；“相促进”突出了公平应以效率为前提和基础，以效率促进公平；效率又要以公平为目的和动力，以公平促进效率；“相统一”必须实现效率与公平的有机结合，以“双轮”整体推动中国式现代化的大力发展。这是我们党关于效率与公平关系的最新理论成果，是新征程上推进中国式现代化的最新科学指南。

（参见徐丽华：《正确处理好效率与公平关系推动中国式现代化新突破》，“学习强国”云南学习平台 2023 年 6 月 7 日。有改动）

【思案互动】 举例说明，新时代大学生如何践行“效率”与“公平”。

参考文献

[1] 阿罗.社会选择与个人价值[M].3版.丁建峰,译.上海:格致出版社,2020.
[2] 奥肯.平等与效率:重大抉择[M].王奔洲,译.北京:华夏出版社,2010.
[3] 巴尔,怀恩斯.福利经济学前言问题[M].贺小波,王艺,等译.北京:中国税务出版社,2000.
[4] 巴尔.福利国家经济学[M].郑秉文,穆怀中,等译.北京:中国劳动社会保障出版社,2003.
[5] 庇古.福利经济学:全二册[M].金镝,译.北京:华夏出版社,2017.
[6] 庇古.福利经济学(上下卷)[M].朱泱,张胜纪,吴良健,译.北京:商务印书馆,2006.
[7] 戴文标.公共经济学导论[M].上海:上海人民出版社,2002.
[8] 方福前.福利经济学[M].北京:人民出版社,1994.
[9] 弗里德曼.资本主义与自由[M].张瑞玉,译.北京:商务印书馆,1986.
[10] 高启杰,陈招娣.福利经济学学科地图[M].北京:北京大学出版社,2021.
[11] 郭伟和.福利经济学[M].北京:经济管理出版社,2001.
[12] 郭熙保,何铃.微观经济学[M].北京:中国社会科学出版社,2002.
[13] 黄新华.政府经济学[M].北京:北京师范大学出版社,2018.
[14] 黄有光.社会福祉与经济政策[M].唐翔,译.北京:北京大学出版社,2005.
[15] 金国利,李静江.西方经济学说史与当代流派[M].北京:华文出版社,2010.
[16] 科斯,阿尔钦,诺斯,等.财产权利与制度变迁[M].刘守英,等译.上海:上海人民出版社,1994.
[17] 厉以宁,吴易风,李懿.西方福利经济学述评[M].北京:商务印书馆,2020.
[18] 卢大振.世界经济学名著导读手册[M].北京:中国城市出版社,2004.
[19] 罗尔斯.正义论[M].何怀宏,何包钢,廖申白,译.北京:中国社会科学出版社,2009.
[20] 萨缪尔森,诺德豪斯.经济学[M].萧琛,译.北京:商务印书馆,2013.
[21] 森.伦理学与经济学[M].王宇,王文玉,译.北京:商务印书馆,2000.
[22] 孙光德,董克用.社会保障概论[M].2版.北京:中国人民大学出版社,2004.
[23] 孙光德.社会保障概论[M].6版.北京:中国人民大学出版社,2019.

[24] 谭军,孙月平.应用福利经济学[M].2版.北京:经济管理出版社,2016.
[25] 熊彼特.经济分析史(第三卷)[M].朱泱,等译.北京:商务印书馆,1994.
[26] 姚明霞.福利经济学[M].北京:经济日报出版社,2005.
[27] 姚明霞.西方福利经济学的沉浮[J].当代经济研究,2001(4):67-69.